朝鮮總督府 編纂 (1930~1935)

『普通學校國語讀本』
第三期 原文 中

(三, 四學年用; 卷五~卷八)

김순전

박제홍·장미경·박경수·사희영 編

제이앤씨
Publishing Company

普通學校
國語讀本 卷五
朝鮮總督府

普通學校
國語讀本 卷六
朝鮮總督府

普通學校
國語讀本 卷七
朝鮮總督府

普通學校
國語讀本 卷八
朝鮮總督府

≪ 總 目 次 (中) ≫

巻八 (4學年 2學期, 1933)
もくろく

序文

1. 조선총독부 편찬(1930~1935)
『普通學校國語讀本』第三期 원문서 발간의 의의

베네딕트 앤더슨은 '국민국가'란 절대적인 존재가 아니라 상대적인 것이며, '상상된 공동체'라 하였으며, 이러한 공동체 안에서 국민국가는 그 상대성을 극복하기 위하여 학교와 군대, 공장, 종교, 문학 그 밖의 모든 제도와 다양한 기제들을 통해 사람들을 국민화 하였다. '근대국가'라는 담론 속에서 '국민'이란 요소는 이미 많은 사람들에 의해 연구되어져 왔고, 지금도 끊임없이 연구 중에 있다. 근대 국민국가의 이러한 국민화는 '국가'라는 장치를 통해 궁극적으로는 국가의 원리를 체현할 수 있는 개조된 국민을 이데올로기 교육을 통하여 만들어 내는 데 있다.

교과서는 무릇 국민교육의 정화(精華)라 할 수 있으며, 한 나라의 역사진행과 불가분의 관계를 가지고 있다. 따라서 교과서를 통하여 진리탐구는 물론, 사회의 변천 또는 당시의 문명과 문화 정도를 파악할 수 있다. 무엇보다 중요한 한 시대의 역사 인식 즉, 당시 기성세대는 어떤 방향으로 국민을 이끌어 가려 했고, 그 교육을 받은 세대(世代)는 어떠한 비전을 가지고 새 역사를 만들어가려 하였는지도 판독할 수 있다. 이렇듯 한 시대의 교과서는 후세들의 세태판독과 미래창조의 설계를 위한 자료적 측면에서도 매우 중요하다.

이에 일제강점기 조선의 초등학교에서 사용되었던 朝鮮總督府 編纂 『普通學校國語讀本』(1930~1935) 원문서를 정리하여 발간하는 일은 한국근대사 및 일제강점기 연구에 크게 기여할 수 있는 필수적 사항이다. 이는 그동안 사장되었던 미개발 자료의 일부를 발굴하여 체계적으로 정리해 놓는 일의 출발로서 큰 의의가 있을 것이다. 이로써 한국학(韓國學)을 연구하는데 필요한 자료를 제공함은 물론, 나아가서는 1907년부터 1945년 8월까지 한국에서의 일본어 교육과정을 알 수 있는 자료적 의미도 상당하다고 할 수 있다. 특히 1960년대부터 시작된 한국의 일본학연구는 1990년경에 연구자들에 회자되었던 '한국에서 일본연구의 새로운 지평열기'에 대한 하나의 방향 및 대안 제시로 볼 수도 있을 것이다.

지금까지 우리들은, "일본이 조선에서 어떻게 했다"는 개괄적인 것은 수없이 들어왔으나, "일본이 조선에서 이렇게 했다"는 실제를 보여준 적은 지극히 드물었다. 이는 '먼 곳에 서서 숲만 보여주었을 뿐, 정작 보아야 할 숲의 실체는 볼 수 없었다.' 는 비유와도 상통하기에 그러한 것들 대부분이 신화처럼 화석화되었다 해도 과언이 아닐 것이다. 따라서 일제강점기 조선 아동용 일본어 입문 교과서인 『普通學校國語讀本』에 대한 재조명은 '일본이 조선에서 일본어를 어떻게 가르쳤는가?'를 실제로 보여주는 작업이 될 것이며, 또한 이 시대를 사는 우리들이 과거 긴박했던 세계정세의 흐름을 통하여 오늘날 급변하는 세계에 대처해 나갈 능력을 키울 수 있으리라고 본다. 이를 기반으로 일제의 식민지정책의 변화 과정과 초등교과서의 요소요소에 스며들어 있는 일본문화의 여러 양상을 중층적 입체적 구체적으로 파악하고, 새로운 시점에서 보다 나은 시각으로 당시의 모든 문화와 역사, 나아가 역사관을 구명할 수 있는 기초자료로 활용되기를 기대한다.

2. 근대 조선의 일본어 교육

1) 일본의 '國語' 이데올로기

근대에 들어와서 국가는 소속감, 공통문화에 대한 연대의식과 정치적 애국심을 바탕으로 강력한 국민국가의 형태로 나타나게 되었고, 외세의 침입으로부터 국가를 보호하기 위해 국민을 계몽하고 힘을 단합시키는데 국가적 힘을 결집하게 된다. 그리고 국가가 필요로 하는 국민을 만들기 위해 공교육제도를 수립하고, 교육에 대한 통제를 강화하여 교육을 국가적 기능으로 편입시키게 된다.

국가주의는 국민(nation)의 주체로서 구성원 개개인의 감정, 의식, 운동, 정책, 문화의 동질성을 기본으로 하여 성립된 근대 국민국가라는 특징을 갖고 있다. 국가주의의 가장 핵심적인 요소는 인종, 국가, 민족, 영토 등의 객관적인 것이라고 하지만 公用語와 문화의 동질성에서 비롯된 같은 부류의 존재라는 '우리 의식'(we~feeling) 내지 '自覺'을 더욱 중요한 요인으로 보는 것이 일반적이다. 여기에서 더 나아가 '우리 의식'과 같은 국민의식은 국가를 위한 운동, 국가 전통, 국가 이익, 국가 안전, 국가에 대한 사명감(使命感) 등을 중시한다. 이러한 국민의식을 역사와 문화 교육을 통하여 육성시켜 강력한 국가를 건설한 예가 바로 독일이다. 근대 국민국가의 어떤 특정한 주의, 예를 들면 독일의 나치즘(Nazism), 이탈리아의 파시즘(Fascism), 일본의 쇼비니즘(Chauvinism)은 맹목적인 애국주의와 국수주의적인 문화, 민족의식을 강조하고, 이러한 의식을 활용하여 제국적인 침략주의로 전락하고 있는 것도 또 하나의 특징이다.

'Ideology'란 용어는 Idea와 Logic의 합성어로서 창의와 논리의 뜻을 담고 있다. Engels와 Marx의 이념 정의를 요약하면, "자연, 세계, 사회 및 역사에 대해 가치를 부여하고 그 가치성을 긍정적, 부정적으로 평가하는 동의자와 일체감을 형성하여 그 가치성을 행동으로 성취하는 행위"[1]라는 것이다. 따라서 Ideology란 '개인의 의식 속에 내재해 있으면서도 개인의식과는 달리 개인이 소속한 집단, 사회, 계급, 민족이 공유하고 있는 〈공동의식〉, 즉 〈사회의식〉과 같은 것'이라 할 수 있다.

메이지유신 이후 주목할 만한 변화를 보면, 정치적으로는 〈國民皆兵制〉(1889)가 실시되고, 〈皇室典範〉(1889)이 공포되어 황실숭상을 의무화하는가 하면, 〈大日本帝國憲法〉(1889)이 반포되어 제국주의의 기초를 마련한다. 교육적으로는 근대 교육제도(學制, 1872)가 제정 공포되고, 〈敎育勅語〉(1890)와 「기미가요(君が代)」(1893) 등을 제정하여 제정일치의 초국가주의 교육체제를 확립하였으며,[2] 교과서정책 또한 메이지 초기 〈自由制〉, 1880년 〈開申制(届出制)〉, 1883년 〈認可制〉, 그리고 1886년 〈檢定制〉를 거쳐, 1904年 〈国定教科書〉 정책으로 규제해 나간다.

일본어의 口語에 의해, 우에다 가즈토시(上田萬年)가 주장했던 '母語 = 國語' 이데올로기는 보다 구체화되었다. 그러나 그 중핵은 학습에 의해서만 습득할 수 있는 극히 인위적인 언어였음에도 불구하고 근대일본의 여러 제도(교육, 법률, 미디어 등)는, 이 口語에 의해 유지되어, '母語 = 國語' 이데올로기로 확대 재생산되기에 이르렀으며, 오늘날에도 '일본어 = 국어'는 일본인에 있어서 대단히 자명한 사실인 것처럼 받아들여지고 있다.

일본은 국가신도(國家神道)를 통하여 일본인과 조선인에게 천황신성사상의 이데올로기를 심어주려 하였다. 만세일계의 황통이니, 팔굉일우(八紘一宇)니, 국체명징(國體明徵)이니, 기미가요(君が代) 등으로 표현되는 천황에 대한 충성심, 희생정신이 일본국가주의의 중심사상으로 자리 잡게 된

---

1) 高範瑞 외 2인(1989), 『現代 이데올로기 總論』, 학문사, pp.11~18 참조
2) 黃惠淑(2000), 「日本社會科教育의 理念變遷研究」, 韓國敎員大學校 大學院 博士學位論文, p.1

것이다. 즉, '명령과 절대복종'식의 도덕성과 충군애국사상을, 교육을 통해서 심어주고자 한 것이 '국가주의'에 의한 일본식 교육이었음을 알 수 있다.

2) 합병 후 조선의 교육제도와 일본어 교육

조선에 있어서 일본어 교육은 식민지의 특수한 상황에서 일본식 풍속미화의 동화정책을 시행하기 위해 가장 기본적인 수단으로 중요시되었다. 이는 말과 역사를 정복하는 것이 동화정책의 시작이요 완성이라는 의미이다.

조선에 있어서 일본어 교육은 식민지의 특수한 상황에서 일본식 풍속미화의 동화정책을 시행하기 위해 가장 기본적인 수단으로 중요시되었다. 이는 말과 역사를 정복하는 것이 동화정책의 시작이요 완성이라는 의미이다.

한국이 일본에 합병되던 1910년 8월 29일, 일본의 메이지천황은 다음과 같은 합병에 관한 조서(詔書)를 하달하였다.

> 짐은 동양의 평화를 영원히 유지하고 제국의 안전을 장래에 보장할 필요를 고려하여…조선을 일본제국에 합병함으로써 시세의 요구에 응하지 않을 수 없음을 염두에 두어 이에 영구히 조선을 제국에 합병하노라…下略…3)

일제는 한일합병이 이루어지자, 〈大韓帝國〉을 일본제국의 한 지역으로 인식시키기 위하여 〈朝鮮〉으로 개칭(改稱)하였다. 그리고 제국주의 식민지정책 기관으로 〈朝鮮總督府〉를 설치하고, 초대 총독으로 데라우치 마사타케(寺內正毅)를 임명하여 무단정치와 제국신민 교육을 병행하여 추진하였다. 따라서 일제는 조선인 교육정책의 중점을 '점진적 동화주의'에 두고 풍속미화(풍속의 일본화), 일본어 사용, 국정교과서의 편찬과 교원양성, 여

---

3) 教育編纂会 『明治以降教育制度発達史』 第十卷 1964년 10월 p.41, 朝鮮教育研究會, 『朝鮮教育者必讀』, 1918년, pp.47~48 참조

자교육과 실업교육에 주력하여 보통교육으로 관철시키고자 했다. 특히 일
제 보통교육 정책의 근간이 되는 풍속미화는 황국신민의 품성과 자질을
육성하기 위한 것으로 일본의 국체정신과 이에 대한 충성, 근면, 정직, 순
량, 청결, 저축 등의 습속을 함양하는데 있었다. 일본에서는 이를 〈통속교
육위원회〉라는 기구를 설치하여 사회교화라는 차원에서 실행하였는데, 조
선에서는 이러한 사회교화 정책을, 보통학교를 거점으로 구상한 점이 일본
과 다르다 할 수 있다.[4]

조선총독부는 한국병합 1년 후인 1911년 8월 24일 〈朝鮮敎育令〉[5]을 공
포함으로써 교육령에 의한 본격적인 동화교육에 착수한다. 초대 조선총독
데라우치 마사타케(寺内正毅, 이하 데라우치)의 교육에 관한 근본방침에 근
거한 〈朝鮮敎育令〉은 全文 三十條로 되어 있으며, 그 취지는 다음과 같다.

> 조선은 아직 일본과 사정이 같지 않아서, 이로써 그 교육은 특히 덕성(德
> 性)의 함양과 일본어의 보급에 주력함으로써 황국신민다운 성격을 양성
> 하고 아울러 생활에 필요한 지식 기능을 교육함을 본지(本旨)로 하고……
> 조선이 제국의 융운(隆運)에 동반하여 그 경복(慶福)을 만끽함은 실로 후
> 진 교육에 중차대한 조선 민중을 잘 유의시켜 각자 그 분수에 맞게 자제를
> 교육시켜 成德 達才의 정도에 따라야 할 것이며, 비로소 조선의 민중은
> 우리 皇上一視同仁의 홍은(鴻恩)을 입고, 一身一家의 福利를 향수(享受)
> 하고 人文 발전에 공헌함으로써 제국신민다운 열매를 맺을 것이다.[6]

이에 따라 교사의 양성에 있어서도 〈朝鮮敎育令〉에 의하여, 구한말 고

---

4) 정혜정·배영희(2004), 「일제 강점기 보통학교 교육정책연구」,『敎育史學 硏究』, 서울
대학교 敎育史學會 편, p.166 참조
5) 教育編纂会(1964. 10),『明治以降教育制度発達史』 第十卷, pp.60~63
6) 조선총독부(1964. 10),『朝鮮教育要覽』, 1919년 1월, p.21. 教育編纂会『明治以降教育
制度発達史』第十卷, pp.64~65

종의 〈교육입국조서〉의 취지에 따라 설립했던 기존의 '한성사범학교'를 폐
지하고, '관립고등보통학교'와 '관립여자고등보통학교'를 졸업한 자를 대상
으로 1년간의 사범교육을 실시하여 배출하였다. 또한 부족한 교원은 '경성
고등보통학교'와 '평양고등보통학교'에 부설로 수업기간 3개월의 임시교원
속성과를 설치하여 〈朝鮮敎育令〉의 취지에 맞는 교사를 양산해 내기에 이
른다.

데라우치가 제시한 식민지 교육에 관한 세 가지 방침은, 첫째, '조선인에
대하여 〈敎育勅語〉(Imperial rescript on Education)의 취지에 근거하여 덕
육을 실시할 것.' 둘째, '조선인에게 반드시 일본어를 배우게 할 것이며 학
교에서 敎授用語는 일본어로 할 것.' 셋째, '조선인에 대한 교육제도는 일본
인과는 별도로 하고 조선의 時勢 및 民度에 따른 점진주의에 의해 교육을
시행하는 것'이었다.

〈제1차 조선교육령〉(1911)에 의거한 데라우치의 교육방침은 "일본인 자
제에게는 학술, 기예의 교육을 받게 하여 국가융성의 주체가 되게 하고,
조선인 자제에게는 덕성의 함양과 근검을 훈육하여 충량한 국민으로 양성
해 나가는 것"[7]을 식민지 교육의 목표로 삼았다. 데라우치의 이러한 교육
목표에 의하여, 일상생활에 '필수(必須)한 知識技能을 몸에 익혀 실세에
적응할 보통교육을 강조하는 한편, 1911년 11월의 「일반인에 대한 유고(諭
告)」에서는 '덕성의 함양'과 '일본어 보급'을 통하여 '신민양성의 필요성'을
역설하기도 했다. 이에 따라 보통학교의 교육연한은 보통학교 3~4년제,
고등보통학교 4년제, 여자고등보통학교 3년제로 정해졌으며, 이와 관련된
사항을 〈朝鮮敎育令〉에 명시하였다.

한편 일본인학교의 교육연한은 초등학교 6년제, 중학교 5년제, 고등여학
교 5년제(1912년 3월 府令 제44호, 45호)로 조선인과는 다른 교육정책으로

---

7) 정혜정·배영희(2004), 위의 논문, p.167

복선형 교육제도를 실시하였음을 알 수 있다.

　〈제1차 조선교육령〉과 〈보통학교시행규칙〉에 의한 보통학교 교과목과 교과과정, 그리고 수업시수를 〈표 1〉로 정리하였다.[8]

〈표 1〉〈제1차 조선교육령〉 시기 보통학교 교과과정과 주당 교수시수(1911~1921)[9]

과목＼학년	1학년 과정	시수	2학년 과정	시수	3학년 과정	시수	4학년 과정	시수
수신	수신의 요지	1	좌동	1	좌동	1	좌동	1
국어	독법, 해석, 회화, 암송, 받아쓰기, 작문, 습자	10	좌동	10	좌동	10	좌동	10
조선어 及한문	독법, 해석, 받아쓰기, 작문, 습자	6	좌동	6	좌동	5	좌동	5
산술	정수	6	좌동	6	좌동, 소수, 제등수, 주산		분수, 비례, 보합산, 구적, 주산	6
이과					자연계의 사물현상 및 그의 이용	2	좌동, 인신생리 및 위생의 대요	2
창가	단음창가	3	좌동	3	좌동	3	좌동	3
체조	체조, 보통체조				좌동		좌동	
도화	자재화				좌동		좌동	
수공	간이한 세공				좌동	2	좌동	2
재봉及 수공	운침법, 보통의류의 재봉, 간이한 수예		보통 의류의 재봉법, 선법, 간이한 수예		좌동 및 의류의 선법		좌동	
농업초보					농업의 초보 및 실습		좌동	
상업초보					상업의 초보		좌동	
계		26		26		27		27
국어 /전체시수 (%)		38		38		37		37

---

8) 朝鮮敎育會(1935),『朝鮮學事例規』, pp.409~410 참조
9) 〈표 1〉은 김경자 외(2005),『한국근대초등교육의 좌절』, p.77을 참고하여 재작성 하였음.

〈표 1〉에서 알 수 있듯이 1, 2학년의 교과목에는 「수신」「국어」「조선어
및한문」「산술」「창가」에 시수를 배정하였으며, 「체조」「도화」「수공」
「재봉및수공(女)」 과목은 공식적으로 시수를 배정하지 않고 교과과정만을
명시하여 교사의 재량에 따라 교육과정을 이수하게 하였다. 그리고 3, 4학
년과정에서 「조선어및한문」을 1시간을 줄이고 「수공」에 2시간을 배정함
으로써 차츰 실용교육에 접근하고 있다.

가장 주목되는 것은 타 교과목에 비해 압도적인 시수와 비중을 차지하고
있는 '國語(일본어)' 과목이다. 언어교육이란 지배국의 이데올로기를 담고
있기 때문에 일본어교육은 일제가 동화정책의 출발점에서 가장 중요시하
였던 부분이었다. 일본어교육 차원에서 '國語'과목의 주된 교과과정을 보면
〈표 1〉에 나타나있듯이 독법, 회화, 암송, 작문, 습자 등이다. 그런데 내용
면에서 볼 때 '國語'과목 안에는 「역사」「지리」「생물」「과학」이 포함되어
있어, 교재 『國語讀本』은 식민지교육을 위한 종합교과서인 셈이다. 여기에
일본의 사상, 문화, 문명은 물론 '실세에 적응할 보통교육' 수준의 실용교육
에 까지 접근하고 있기 때문에 40%에 가까운 타 교과목에 비해 압도적인
시수를 배정하여 집중적으로 교육하였음을 알 수 있다.

3. 〈제2차 조선교육령〉 시기의 일본어 교육

1) 3·1 독립운동과 〈조선교육령〉의 개정

합병 후 일제는 조선총독부를 설치하고 무단 헌병정치로 조선민족을
강압하였다. 일제는 일제의 침략에 항거하는 의병과 애국계몽운동을 무자
비하게 탄압하고 강력한 무단정치를 펴나가는 한편, 민족고유문화의 말살,
경제적 침탈의 강화로 전체 조선민족의 생존에 심각한 위협을 가했다. 일

제는 민족자본의 성장을 억제할 목적으로 〈회사령(會社令)〉(1910)을 실시함으로써 총독의 허가를 받아야만 회사를 설립할 수 있도록 제한하였고, 〈조선광업령(朝鮮鑛業令)〉(1915), 〈조선어업령(朝鮮漁業令)〉(1911) 등을 통해 조선에 있는 자원을 착출하였다. 또한 토지조사사업(土地調査事業, 1910~18)으로 농민의 경작지를 국유지로 편입시킴에 따라 조상전래의 토지를 빼앗기고 빈농 또는 소작농으로 전락하기에 이르러, 극히 일부 지주층을 제외하고는 절박한 상황에 몰리게 되었다. 이렇듯 식민통치 10년 동안 자본가, 농민, 노동자 등 사회구성의 모든 계층이 식민통치의 피해를 직접적으로 체감하게 되면서 민중들의 정치, 사회의식이 급격히 높아져 갔다.

육군대신 출신이었던 초대 총독 데라우치에서 육군대장 하세가와 요시미치(長谷川好道)총독으로 계승된 무단통치는 조선인들의 반일감정을 더욱 고조시켜 마침내 〈3·1독립운동〉이라는 예상치 못한 결과를 초래하게 되었다.

1918년 1월 미국의 윌슨대통령이 전후처리를 위해 〈14개조 평화원칙〉을 발표하고 민족자결주의를 제창함에 따라, 동년 말 만주 지린에서 망명 독립 운동가들이 무오독립선언을 통하여 조선의 독립을 주장하였고, 조선 재일유학생을 중심으로 한 〈2·8 독립선언〉으로 이어졌다. 여기에 고종의 독살설이 소문으로 퍼진 것이 계기가 되어 지식인, 종교인들이 조선독립의 불길을 지피게 되자, 삽시간에 거족적인 항일민족운동으로 번져나갔다.

여기에 고종의 독살설이 소문으로 퍼진 것이 계기가 되어 지식인, 종교인들이 조선독립의 불길을 지피게 되자, 삽시간에 거족적인 항일민족운동으로 번져나갔다. 특히 고종황제의 인산(因山, 국장)일이 3월 3일로 결정되자 손병희를 대표로 하여, 천도교, 기독교, 불교 등 종교단체의 지도자로 구성된 민족대표 33인은 많은 사람들이 서울에 모일 것을 예측하고,

3월 1일 정오를 기하여 파고다공원에 모여 〈독립선언서〉를 낭독한 후 인쇄물을 뿌리고 시위운동을 펴기로 하였으며, 각 지방에도 미리 조직을 짜고 독립선언서와 함께 운동의 방법과 날짜 등을 전달해두었다. 독립선언서와 일본정부에 대한 통고문, 그리고 미국대통령, 파리강화회의 대표들에게 보낼 의견서는 최남선이 기초하고, 제반 비용과 인쇄물은 천도교측이 맡아, 2월27일 밤 보성인쇄소에서 2만 1천장을 인쇄, 은밀히 전국 주요 도시에 배포했다. 그리고 손병희 외 33명의 민족대표는 3월 1일 오후 2시 정각 인사동의 태화관(泰和館)에 모였다. 한용운의 〈독립선언서〉 낭독이 끝나자, 이들은 모두 만세삼창을 부른 후 경찰에 통고하여 자진하여 체포당했다.

한편, 파고다공원에는 5천여 명의 학생들이 모인 가운데 정재용(鄭在鎔)이 팔각정에 올라가 독립선언서를 낭독하고 만세를 부른 후 시위에 나섰는데 시위행렬에 수만의 시민들이 가담하였다. 다음날에는 전국 방방곡곡에서 독립만세와 시위운동이 전개되자 조선총독부는 군대와 경찰을 동원하여 비무장 평화적 시위를 벌이는 군중에 대해 무자비한 공격을 가함으로써, 유관순을 비롯한 수많은 사람들이 학살이나 부상당하거나 투옥되었으며, 민족대표를 위시한 지도자 47명은 내란죄로 기소되었다.

〈3·1운동〉이후 전국적으로 퍼져나간 시위운동 상황에 대한 일본 측 발표를 보면, 집회회수 1,542회, 참가인원수 202만3,089명에 사망 7,509명, 부상 1만5,961명, 검거된 인원은 52,770명에 이르렀으며, 불탄 건물은 교회 47개소, 학교 2개교, 민가 715채에 달하였다. 이 거족적인 독립운동은 일제의 잔인한 탄압으로 인해 많은 희생자를 낸 채, 비록 목표에는 도달하지 못했지만, 국내외적으로 한민족의 독립정신을 선명히 드러내어 근대민족운동의 시발점이 되었다. 이는 아시아 및 중동지역의 식민지 및 반식민지 민족운동 등에도 영향을 끼쳤는데, 특히 중국의 〈5·4 운동〉, 인도의 무저

항 배영(排英)운동인 〈제1차 사타그라하운동〉, 이집트의 반영자주운동, 터키의 민족운동 등 아시아 및 중동지역의 민족운동을 촉진시킨 것으로도 높이 평가되었다.

이처럼 3·1운동은 한국인들의 민족의식 고취와 함께 거국적인 독립운동을 촉진시켜 급기야 상해임시정부가 수립되는 성과를 얻게 되었으며, 대내적으로는 일제의 무단통치를 종결시키는 계기가 된다.

3·1운동 이후의 조선총독정치의 재편과 문화통치의 실시에는 당시 일본 수상이었던 하라 다카시(原敬)의 아이디어가 많이 작용했다. 하라는 한반도에서의 독립만세운동 사건을 접한 후 조선통치방법에 변화의 필요성을 느끼고 조선총독부 관제를 개정함과 동시에 새로운 인사 조치를 단행했다. 그리하여 하세가와(長谷川) 총독의 사표를 받고, 이어 제 3대 총독으로 사이토 마코토(斎藤實)를 임명하여 문화정치를 표방하면서 조선인의 감정을 무마하려고 하였다. 새로 부임한 사이토는 1919년 9월 3일 새로운 시정방침에 대한 훈시에서 "새로운 시정방침이 천황의 聖恩에 의한 것"이라고 전제하고 "內鮮人으로 하여금 항상 동포애로 相接하며 공동협력 할 것이며, 특히 조선인들은 심신을 연마하고 문화와 民力을 향상시키기를 바란다."[10]고 했는데, 이때부터 총독의 공식적인 발언에서 '내선융화'라는 단어가 빈번하게 사용되었다. 이러한 식민지 융화정책의 일환으로 1919년 말에는 3面 1校制[11]를 내세워 조선인도 일본인과 동일하게 처우할 것임을 공언하였으며, 1920년에는 부분적으로 개정된 교육령(칙령 제19호)을 제시하여 〈일시동인〉의 서막을 열었다. 그리고 1922년 2월 교육령을 전면 개정하여 전문 32개조의 〈제2차 조선교육령〉을 공포하였는데, 이는 3·1 독립운동

---

10) 조선총독부(1921), 『朝鮮에 在한 新施政』, pp.54~56
11) 3面 1校制: 1919년에 실시된 것으로 3개의 面에 하나의 학교 설립을 의미한다. 이후 1929년 1面 1교제를 실시하게 되어 면 지역을 중심으로 학교가 급증하게 된다. 윤병석 (2004), 『3·1운동사』, 국학자료원 p.47

으로 대표되는 조선인의 저항에 따른 식민지교육에 대한 부분적인 괘도수
정이었다 할 수 있겠다.

〈제2차 조선교육령〉의 특기할만한 점은 '일시동인(一視同仁)'을 추구하
여 일본 본토의 교육제도에 준거하여 만들어졌다는 점이다. 그럼에도 초등
교육에 대한 취지와 목적은 〈제1차 조선교육령〉과 거의 동일하다. 이는
당시 조선총독부에서 제시한 신교육의 요지와 개정된 교육령의 항목에서
찾을 수 있다.

보통교육은 국민 된 자격을 양성하는 데 있어 특히 긴요한 바로서 이 점에
있어서는 법령의 경개에 의하여 변동이 생길 이유가 없음은 물론이다.
즉 고래의 양풍미속을 존중하고 순량한 인격의 도야를 도모하며 나아가서
는 사회에 봉사하는 념(念)을 두텁게 하여 동포 집목의 미풍을 함양하는
데 힘쓰고 또 일본어에 숙달케 하는데 중점을 두며 근로애호의 정신을
기르고 홍업치산의 지조를 공고히 하게 하는 것을 신교육의 요지로 한
다.12)

보통학교는 아동의 신체적 발달에 유의하여, 이에 덕육을 실시하며, 생활
에 필수한 보통의 지식 및 기능을 수여하여 국민으로서의 성격을 함양하
고 국어를 습득시킬 것을 목적으로 한다.13)

표면적으로는 "고래의 양풍미속을 존중"하고 "순량한 인격의 도야를 도
모"하며 "동포 집목의 미풍을 함양하는데 힘쓰고" 있음을 표명하고 있지만,
교육 목적에 있어서는 이전과 별반 다를 바 없다. "덕육"과 "생활에 필수적
인 보통의 지식과 기능" 위주의 교육으로 학교에서 가르쳐야 할 것을 생활

---

12) 조선총독부(1922), 「관보」, 1922. 2. 6
13) 〈제2차 조선교육령〉 제4조

의 '필요'에 한정하고 있으며, 또한 "신체적 발달"과 "국민으로서의 성격 함양", "國語(일본어) 습득"에 초등교육 목적을 둔 것은 충량한 신민 육성을 위한 교육적 의도가 그대로 함축되어 있음을 알 수 있다.

또 하나 특기할만한 점은 교육제도와 수업연한 등에서 이전과는 다른 변화를 찾을 수 있었던 점이다. 종래의 저급한 학교체계를 내지연장주의 차원에서 일본과 동일한 체계로 나아가려 한 것이나, 사범교육과 대학교육을 첨가한 것, 보통교육, 실업교육, 전문교육 등에서 수업연한을 다소 연장하였던 것은 이전에 비해 눈에 띠게 변화한 부분이다. 그러나 법령 제3조에서 '국어(일본어)를 상용하는 자와 그렇지 않은 자'를 구별하였으며, 종래와 같이 일본인을 위한 소학교와 조선인을 위한 보통학교를 여전히 존속시킴으로써 실질적으로는 민족차별을 조장하기도 하였다.

〈제2차 조선교육령〉은 초등교원임용에 관한 정책에도 변화를 초래하였다. 조선총독부는 기존의 교원양성과정을 정리하고, 관공립사범학교를 위주로 하여 교원양성교육을 실시하도록 하였다.

공립사범학교는 〈제2차 조선교육령〉의 〈사범학교규정〉에 의해 1922년부터 1923년까지 12개도에 공립특과사범학교 형태로 설치되었는데, 2년제 고등소학교 졸업자 또는 이와 동등 이상의 학력이 있는 자가 입학 할 수 있었으며, 수업연한은 처음에는 2년이었다가 1924년부터 3년으로 연장되었다. 특과의 교과목으로는 수신, 교육, 국어, 역사, 지리, 수학, 이과, 도화, 수공, 음악, 체조, 농업, 조선어 및 한문이 부과되었고, 학생에게는 학자금과 기숙사가 제공되었다. 이러한 혜택은 복무 의무와도 연결되어 3년제 특과 관비 졸업자는 4년의 의무 복무 기간을, 2년제 관비 졸업자는 3년, 특과 사비 졸업자는 2년의 복무 기간을 이행해야 했다. 그럼에도 이러한 조치와는 별도로 관립중등학교에 부설했던 사범과를 1925년까지 계속 유지시켰는데, 이는 부족한 초등교원을 양산하기 위함이었을 것이다.

이 시기 교원자격시험에 있어서도 간간히 변화가 있었다. 1922년 4월 8일 〈조선총독부령〉 제58호의 교원자격시험은 종전과 같이 3종으로 나누었고, 제1종 시험과목 및 그 정도는 남자에 있어서는 사범학교 남생도, 여자에 있어서는 사범학교 여학생에 관한 학과목 및 그 정도에 준하는 정도로 하였다. 또한 소학교 교원자격을 가진 자에게는 '영어' 및 '조선어' 과목을 부가하고, 보통학교 교원자격을 가진 자에게는 '영어'와 '농업' 혹은 '상업'과목을 부가하였다. 제2종 시험의 시험과목 및 그 정도는 남자에게는 사범학교 특과 남생도에, 여자에게는 사범학교 특과 여학생에 부과한 학과목 및 그 정도에 준하도록 하였으며, 그 중 소학교 교원자격을 가진 자는 '조선어'와 '농업' 혹은 '상업'과목에서 선택하도록 하였다. 제3종 시험은 국어(일본어) 상용자로, 한국인에 한하여 치르도록 하였는데, 제3종 시험에 급제한 자에게 제2종 시험을 치를 수 있게 하고, 제2종 시험에 합격한 자에게는 제1종 시험을 치를 수 있는 자격을 주었다.[14]

교원자격시험과 관련된 정책은 이듬해인 1923년에 다시 한 번 개정된다. 제1종 시험은 조선총독부에서, 제2종, 제3종 시험은 각 도에서 시행하도록 하였는데, 일본인 교원임용과 관련된 사항은 조선총독부에서 행하고, 한국인 교원임용과 관련된 사항은 각 도에서 행하도록 하였다.[15] 그리고 1925년에는 제1종에서 제3종까지 모든 교원시험과 관련된 정책 권한을 각 도로 이양[16]하게 되었다.

2) 교과목과 수업시수

〈제2차 조선교육령〉에서 이전의 교육령에 비해 눈에 띄게 변화된 점이

---

14) 김경자 외(2005), 앞의 책, pp.185~186 참조.
15) 조선총독부(1923), 「관보」, 1923.4.18.
16) 조선총독부(1925), 「관보」, 1925.12.23.

있다면 바로 보통학교의 수업연한이 6년제로 바뀐 점이다. 조선총독부는 이 규정을 제5조에 "보통학교의 수업 연한은 6년으로 한다. 단 지역의 정황에 따라 5년 또는 4년으로 할 수 있다."로 명시하여 지역 상황에 따른 수업연한의 유동성을 예시하였다.

교과목으로는 「수신」, 「국어」, 「조선어」, 「산술」, 「일본역사」, 「지리」, 「이과」, 「도화」, 「창가」, 「체조」, 「재봉(여)」을 정과로 규정하는 한편 〈보통학교규정〉 제7조에서 "지역의 정황에 따라 「수공」을 가하며, 선택과목으로 「농업」, 「상업」, 「한문」 중 1과목 또는 수과목을 가할 수 있다."와, "수업연한을 4년으로 하는 경우 교과목 중 「일본역사」, 「지리」는 뺄 수 있고, 「농업」, 「상업」, 「한문」을 가할 수 없다."고 명시하고 있어, 지역의 정황이나 수업연한에 따라 교과목을 조정할 수 있도록 하고 있다. 이에 따른 교과목과 주당 교육시수를 〈표 2〉에서 살펴보자.

〈표 2〉 〈제2차 조선교육령〉에 의한 보통학교 교과목 및 주당 교수시수

학제	4년제 보통학교				5년제 보통학교					6년제 보통학교					
과목\학년	1	2	3	4	1	2	3	4	5	1	2	3	4	5	6
수신	1	1	1	1	1	1	1	1	1	1	1	1	1	1	1
국어	10	12	12	12	10	12	12	12	9	10	12	12	12	9	9
조선어	4	4	3	3	4	4	3	3	3	4	4	3	3	3	3
산술	5	5	6	6	5	5	6	6	4	5	5	6	6	4	4
일본 역사									5					2	2
지리														2	2
이과				3			2	2					2	2	2
도화			1	1			1	1	2(남)1(여)				1	2(남)1(여)	2(남)1(여)
창가 체조	3	3	1 3(남)2(여)	1 3(남)2(여)	3	3	1	1 3(남)2(여)	1 3(남)2(여)	3	3	3	1 3(남)2(여)	1 3(남)2(여)	1 3(남)2(여)

재봉			2	2				2	3				2	3	3
수공															
계	23	25	27(남)28(여)	27(남)28(여)	23	25	27	29(남)31(여)	30(남)31(여)	23	25	27	29(남)30(여)	29(남)30(여)	29(남)30(여)

〈제2차 조선교육령〉 시행기는 〈제1차 조선교육령〉 시행기에 비하여 '조선어 및 한문'이 '조선어'과목으로 되어 있으며, 수업시수가 이전에 비해 상당히 줄어든 반면, 國語(일본어)시간이 대폭 늘어났다. 4년제 보통학교의 경우 조선어 교과의 비중감소나 직업교과의 비중감소 등은 6년제와 유사하다. 그러나 5년제, 6년제에 비해 역사, 지리 등의 교과가 개설되지 않았다는 점에서 이 시기의 4년제 보통학교는 간이교육기관의 성격을 띠고 있었음을 알 수 있다. 표면적으로는 내선융화를 추구하였으나 「역사」와 「지리」과목을 별도로 신설하여 5, 6학년 과정에 배치함으로써 조선아동에게 일본역사와 일본지리 위주의 역사, 지리를 교육하고자 하였던 점도 빼놓을 수 없다.

한편 〈제2차 조선교육령〉의 '교수상의 주의사항'을 〈제1차 조선교육령〉기와 비교해 보면 국어(일본어) 사용과 관련된 기존의 항목만이 삭제되고 나머지는 거의 유사하지만, 일본어 사용에 대한 명시적인 강조가 사라진 것은 주목할 만하다. 이 또한 조선의 전반적인 사회분위기를 고려한 것으로 추정된다.

3) 이후의 교육정책 변화와 교과서 개정

〈제2차 조선교육령〉이 이전과 다른 점은 내지연장주의 교육이라는 틀 아래 일본의 소학교와 동일한 학제를 유지하기 위하여 보통학교 학제를 6년제로 개편한 점이다. 그런데 학제개편에 따른 교과서 출판이 원활하지 못한 관계로 조선총독부에서 편찬한 第二期『普通學校國語讀本』는 1~4학

년용 8권만이 출판되었고, 5~6학년 교과서는 급한 대로 문부성 발간 『尋常
小學國語讀本』을 가져와 그대로 사용하였다.

이 시기 독본 교과서 편찬을 담당한 사람은 당시 조선총독부 학무국 소
속 교과서 편수관으로 일본 국정교과서 편찬에도 참여했던 아시다 에노스
케(芦田惠之助)였다. 아시다는 당시 조선총독 사이토 마코토(齋藤實)가 공
포한 〈제2차 조선교육령〉의 취지에 입각하여 다양한 방법으로 '內鮮融和'
의 길을 모색하여 교과서에 반영하게 되었다.

1922년 2월 〈제2차 조선교육령〉이 조선총독부에 의해 발포된 이래 급변
하는 시대에 따른 교육정책은 7차례(1923, 1926, 1927, 1929, 1931, 1934,
1937)에 걸쳐 개정된 〈보통학교규정〉에서 찾을 수 있다. 개정된 〈보통학교
규정〉의 주요 항목을 열거해 보면,

① 1923년 7월 31일 〈조선총독부령〉 제100호에서 4년제 보통학교의 학과
　목의 학년별 교수정도와 매주 교수시수표상의 산술 과목 제 4학년 과
　정에 '주산가감'을 첨가하도록 하였다.

② 1926년 2월 26일 〈조선총독부령〉 제19호의 제7조 제3항으로서 4년제
　보통학교에서는 농업, 상업을 삭제하고, 또 필수과목이나 선택과목으
　로 한문의 경우 제5학년, 제6학년에서 이를 가하고 이의 매주 교수시
　수는 전항의 예에 의하는 것으로 부분 개정하였다.

③ 1927년 3월 31일자 〈조선총독부령〉 제22호로 〈보통학교규정〉을 개정
　하여, 교과목 중 「일본역사」를 「국사」로 과목명을 바꾸었다.

④ 1929년 6월 20일자 〈조선총독부령〉 제58호에서 새로이 제시된 교과과
　정표를 살펴보면 주당 전체 수업시간이 남학생의 경우 161시간에서
　170시간으로 늘어났으며, 학년별 수업시간도 1학년은 24시간, 2학년
　은 26시간, 3학년은 27시간으로 늘어났다.

이에 따라 1학년은 하루 평균 4시간, 2학년과 3학년의 경우 일주일에 2~3일은 5시간 수업을 실시하였을 것으로 추정된다. 그리고 4학년 이상에 새로운 필수과목으로 '직업과'가 부과되었는데, 이는 본격적인 직업교육이 초등교육과정에서 행해지고 있었음을 말해 준다.

1927년 12월 제5대 총독(1927~1929)으로 부임한 육군대신 출신 야마나시 한조(山梨半造)는 종래의 교육정책을 소폭 수정하여 근로애호에 중점을 둔 '실용주의 교육'을 강조하였다. 이에 총독부는 1928년 6월 이케가미(池上) 정무총감을 위원장으로 하고 관민의 대표자를 위원으로 한 〈임시교육심의회〉를 개최하였다. 여기에서 '일면일교(一面一校)계획을 통한 보통학교의 확충과 실업교육의 충실' 등이 의결되었다. 이어서 1928년 8월 총독부는 〈임시교과서조사위원회〉를 소집하여 교과서 개정문제를 심의하고 교과서 편찬강령을 결정하기에 이른다. 이러한 취지에 따라 第三期 교과서는 실용을 강조한 교과서로 전면 개편되게 된다.

4. 第三期『普通學敎國語讀本』의 표기 및 배열

1930년부터 1935년에 걸쳐 발간된 第三期『普通學敎國語讀本』(전12권) 은 1923년부터 1924년에 걸쳐 발간된 第二期『普通學敎國語讀本』(전8권) 에 이어 개정된 '國語(일본어)'교과서이다. 앞에서 살펴 보았듯이 第三期 『普通學敎國語讀本』은 별도의 교육령 개정 없이 다음에 열거한 몇 가지 〈개정방침〉에 의해 편찬되었다.

① 수신, 국어, 역사교과서에는 황실, 국가에 대한 제재를 채택하여 충군 애국정신을 함양시킨다.

② 한일합병 정신을 이해시키며 '내선융화'의 열매를 거둘 수 있도록 유도
한다.

③ 권학애호(勸學愛好), 흥업치산(興業治産)의 정신을 함양하는데 필요한
제재를 많이 넣어 교과서 전체의 분위기를 실용화한다.

④ 동양 도덕에 기인한 조선의 미풍양속을 회상할 수 있는 제재를 늘린
다.[17]

이상과 같은 방침아래 〈제2차 조선교육령〉 후반의 '國語'교과서 第三期
『普通學校國語讀本』은, 1930년 권1, 권2를 시작으로 1935년까지 총 12권
이 편찬되었다. 1-6권은 조선총독부에서, 7-12권은 일본 문부성 것을 사용
하였다. 이로써 지금까지는 8권이었던 국어독본 교과서가 처음으로 총독
부에 의해 12권 전권이 출판된 것이다. 이에 대한 출판사항은 〈표 3〉과
같다.

〈표 3〉 〈제2차 교육령〉시기에 교육된 日本語敎科書의 출판사항

朝鮮總督府　第三期　『普通學校國語讀本』1930～1935년							
卷數	출판년도	사이즈		課	頁	정가	학년 학기
		縱	橫				
卷一	1930	22	15		59	12錢	1학년 1학기
卷二	1930	22	15	26	79	13錢	1학년 2학기
卷三	1931	22	15	27	99	13錢	2학년 1학기
卷四	1931	22	15	25	104	13錢	2학년 2학기
卷五	1932	22	15	26	110	14錢	3학년 1학기
卷六	1932	22	15	25	107	14錢	3학년 2학기
卷七	1933	22	15	26	112	15錢	4학년 1학기
卷八	1933	22	15	26	130	15錢	4학년 2학기
卷九	1934	22	15	24	130	16錢	5학년 1학기
卷十	1934	22	15	24	138	16錢	5학년 2학기

17) 朝鮮総督府(1930), 「総督府第三期改正方針」, p.100

卷十一	1935	22	15	24	127	16錢	6학년 1학기
卷十二	1935	22	15	28	140	16錢	5학년 2학기
계					1335		

1911년에 제정된 〈普通學校施行規則〉에 의해 1913년부터는 신규편찬 (新規編纂) 교과서에 대해서는 '자비구입'이라는 원칙에 따라 第三期『普通學校國語讀本』의 가격은 12錢~16錢으로 책정 되었다. 이는 第一期『普通學校國語讀本』이 각 권당 6錢의 저가로 보급했던데 비하면 2배 이상 인상된 면을 보인다.

第三期『普通學校國語讀本』의 특징은, 第一期, 第二期와 마찬가지로 띄어쓰기가 없는 일본어 표기에서 저학년(1, 2학년)용에 띄어쓰기가 채용된 점이다. 이는 역시 모어(母語)를 달리하는 조선 아동이 처음 일본어로 된 교과서를 접하는데 있어서 쉽게 접근할 수 있게 하기 위함이었을 것이다.

第三期『普通學校國語讀本』역시 그 구성면에서 第一期에 비해 유화적인 면을 엿볼 수 있다. 第二期에서도 조선인의 의식주(衣食住)를 들어 채택하였는데 第三期에서도 먼저 삽화의 배경에 있어서도 총독부 학무국의 "조선에서 조선인을 교육할 교과서는 조선이라는 무대를 배경으로 하여야 함이 당연하다."[18]는 편찬방침에 따라 조선의 상징물이 제시되었다. 그런데 이는 저학년의 경우이고 고학년으로 갈수록 감소된다.

第三期『普通學校國語讀本』은 일본의 학제에 맞추어 1학년부터 6학년까지 전권을 1930~35년에 걸쳐 조선총독부에서 편찬하여 30년대 말까지 교육된 교과서이다. 여기에는 무엇보다도 만주사변 이후 대륙진출을 향한 제국팽창의 서막을 여는데서 그 특징을 찾을 수 있다.

따라서 第三期『普通學校國語讀本』은 "조선인이 식민지 지배를 받아들

---

18) 朝鮮總督府(1923),『조선교육례개정에따른신교과용도서편찬방침』, p.17

여 '투쟁'을 피하고, '내선융화'에 적극적으로 노력하는 것이 조선인이 '평화롭게 살아갈 수 있는 길"이라는 인식아래 평화를 애호하는 조선인의 감정을 배양하여 양 민족의 융화를 고취하려는 의도를 중시하였다. 당시 『普通學校國語讀本』의 편찬방침[19]을 살펴보면 다음과 같이 제시하고 있다.

① 우리나라 특유의 문학적 취미를 키워 심정을 고아하게 하는데 적절한 자료 선택에 유의할 것.

② 특히 다른 교과목과의 연계를 밀접히 하여 상식 양성에 적절한 자료 선택에 유의할 것.

③ 현인(賢人)이나 철인(哲人)의 전기 등에 수양에 도움이 되는 자료 선택에 유의할 것.

④ 내선융화의 취지에 의거해 특히 선량한 내선(內鮮)의 풍속습관에 관한 자료를 더할 것.

⑤ 연약한 마음이 들 염려가 있는 문학적 자료를 배제할 것.

⑥ 조직에 관해서는 처음에 삽화에 의해 말하기 연습을 하고, 상당 단어를 습득하게한 후 순서대로 문자 어구 및 문장에 이르게 할 것.

⑦ 문체는 산문을 주로 하는 것도 평이하게 하여 격조 고아한 운문 및 일용에 필요한 편지문을 더할 것.

⑧ 문어는 현대문을 주로 하여 고등과에 있어서는 평이한 근대문을 더할 수 있음.

⑨ 한자를 정리해서 국정국어독본에 준하게 할 것.

⑩ 교재의 기술을 한층 평이하게 함과 더불어 분량을 상당히 증가할 것.

또한 독본 편수관이었던 아시다의 방침을 살펴보면, 첫째, 조선인 아동에게 친근한 제재를 선택하여 일본어 학습 효과를 높이고, 이를 통해 일본

---

19) 朝鮮總督府學務局朝鮮敎育會編 「普通學校敎科用圖書編纂に關する一般方針」, 李淑子(1985), 『敎科書に描かれた朝鮮と日本』, ほるぷ出版, pp.413~414

어 보급 촉진을 꾀하는 것. 둘째, 고대로부터의 일본과 조선과의 관계의 깊이를 가능한 한 우호와 친선을 상징하는 제재를 들어, 일본인에 대한 저항감을 반감시키고, 식민지 지배를 현실로 받아들이도록 할 것. 셋째, '內鮮融和'의 실현을 목표로, 내선융화에 필요한 정신적 수양에 도움이 될 수 있는 제재, 즉 지배자에 대한 저항이나 반감보다는 서로 돕고 협력하며 정을 베푸는 내용이나 충효를 이끌어내는 효행담 등을 제재로 하는 것[20] 등이었다. 편수관의 이와 같은 의도는 11권(5학년용) 2과 「조선의 교육」이라는 단원에서도 찾아볼 수 있다.

보통교육에 있어서는 국어를 상용하는 자와 그렇지 아니한 자에 따라 학교의 계통(系統)을 달리하지만, 그 외의 모든 학교는 내선(內鮮)공학이다. 주지하듯이 국어를 상용하지 않는 자의 보통교육을 위한 학교는 보통학교, 고등보통학교 및 여자고등보통학교이고, 국어를 상용하는 자의 보통교육은 소학교, 중학교 및 고등여학교에서 이를 행한다. 그런데도 가정의 사정, 수학의 편의 등 특별한 사정이 있는 경우에는 상호 입학의 길을 열어준다. 현재 국어를 상용하지 않는 자로서 소학교, 중학교 등에, 국어를 상용하는 자로서 보통학교, 고등보통학교 등에 입학하여 함께 배우고 함께 뛰어놀며 융화의 결실을 맺고 있는 예는 얼마든지 있다. 이처럼 보통학교에 있어서는 원칙으로서 국어를 상용하는 자와 그렇지 않는 자에 따라 학교 계통을 달리하고 있으나 양자의 내용에 있어서는 거의 하등의 차이가 없고, 그 목적 또한 동일하게 충량한 국민 양성에 있다.

이는 이 시기 교육정책의 키워드인 '一視同仁'에 의한 '內鮮融和'의 교육 방침을 그대로 역설하고 있는 부분으로, 위의 방침에 의한 현실직시와 '내

---

20) 北川知子(1994), 「朝鮮總督府編纂『普通學校國語讀本』の硏究」, 國語敎育學硏究誌, p.5

선용화'를 유도하는 것이라 할 수 있는데, 이러한 조항들을 교과서에 그대로 반영하였던 것이다.

또한 第三期『普通學校國語讀本』은 지리적 여건상 그 전초기지인 조선의 중요성을 인식하고 第二期와 마찬가지로 실업과 근로의 교육에 역점을 두고 있는 면이 두드러진다. '國語'교과서의 특성상 당연히 지배국의 언어교육에 중점을 두어 국체의 이식을 꾀하였으며, 여기에 국민으로서의 성격 함양을 추구하는 내용을 여러 각도로 제시하고 있다. 이렇듯 동화교육을 실행해 나가는 한편, 실생활에 필수적인 실용교육을 가정 및 사회생활 교육과 농업, 공업, 상업 등으로 연결되는 실업교육과 연계시켜 그와 관련된 내용을 수록함으로써 후방국민의 의무를 다각적으로 제시하였는데, 이로써 식민지 교육목적에 부합하는 국민양성에 힘썼음을 알 수 있다.

5. 보통학교 교과서와 교육상의 지침

1914년 일제가 제시한 보통학교 교과서 편찬 일반방침은 앞서 제정, 선포되었던 「敎授上의 注意 幷 字句訂正表」의 지침을 반영함과 동시에 기본적으로 〈조선교육령〉과 〈보통학교규칙〉에 근거를 둔 것이었다. 이에 따라 교과서 기술에 있어서도 「朝鮮語及漢文」을 제외하고는 모두 일본어(國語)[21]로 기술하여, 언어를 일본어로 통합하였고, 1911년 8월에 조선총독부가 편찬한 『국어교수법』이나, 1917년에 주로 논의되었던 교육상의 교수지침에서도 '풍속교화를 통한 충량한 제국신민의 자질과 품성을 갖추게 하는 것임'을 명시하여 초등교육을 통하여 충량한 신민으로 교화시켜나가려 하

---

21) 일본어가 보급되기까지 사립학교 생도용으로 수신서, 농업서 등에 한하여 별도로 朝鮮譯書로 함

였다.

1906년부터 조선어, 수신, 한문, 일본어 과목의 주당 수업시수를 비교해 놓은 〈표 4〉에서 알 수 있듯이, 수업시수는 1917년 일본어 10시간, 조선어 (한문) 5~6시간이었던 것이, 1938~1941년에는 수신 2시간, 일본어 9~12시 간인 것에 비해 조선어는 2~4시간에 불과하며 선택과목이었다. 그러다가 1941~1945년에는 조선어는 누락되고 수신(국민도덕 포함) 및 일본어가 9~ 12시간으로 되어 있다. 이는 일본이 창씨개명과 태평양전쟁으로 징병제도 가 실시되면서 민족말살정책이 점차 심화되어 가는 과정으로 이해될 수 있 다. 각 시기에 따른 학년별, 과목별 주당 수업시수는 아래 〈표 4〉와 같다.

〈표 4〉 조선에서의 수신 · 조선어 · 한문 · 일본어의 주당 수업시수

학년	통감부(1907)				제1기(1911)			제2기(1922)			제3기(1929)			제4기(1938)			제5기(1941)
	수신	조선어	한문	일어	수신	국어(일어)	조선어 및 한문	수신	국어(일어)	조선어	수신	국어(일어)	조선어	수신	국어(일어)	조선어	국민과 (수신 / 국어)
제1학년	1	6	4	6	1	10	6	1	10	4	1	10	5	2	10	4	11
제2학년	1	6	4	6	1	10	6	1	12	4	1	12	5	2	12	3	12
제3학년	1	6	4	6	1	10	5	1	12	3	1	12	3	2	12	3	2 / 9
제4학년	1	6	4	6	1	10	5	1	12	3	1	12	3	2	12	2	2 / 8
제5학년								1	9	3	1	9	2	2	9	2	2 / 7
제6학년								1	9	3	1	9	2	2	9	2	2 / 7
합계	4	24	16	24	4	40	22	6	64	20	6	64	20	12	64	16	62

* 제1기(보통학교시행규칙, 1911. 10. 20), 제2기(보통학교시행규정, 1922. 2. 15), 제3기(보통
  학교시행규정, 1929. 6. 20), 제4기(소학교시행규정, 1938. 3. 15), 제5기(국민학교시행규정,
  1941. 3. 31)

초등학교에는 合科的 성격의 「國民科」, 「理數科」, 「體鍊科」, 「藝能科」, 「實業科」라는 5개의 교과가 있었는데, 그 중의 「國民科」는 修身, 國語, 國史, 地理의 4과목으로 이루어져 있다. 國語, 國史, 地理의 合本的 텍스트로, 「國民科」의 4분의 3을 입력한 교과서 『普通學校國語讀本』의 내용 역시 「修身」 교과서와 같이 품성의 도야, 국민성 함양을 목표로 하고 있다. 또한 「朝鮮語及漢文」 과목의 교재도 『普通學校國語讀本』과 마찬가지로 일본천황의 신민에 합당한 국민성을 함양케 하는데 치중하고 도덕을 가르치며 상식을 알게 할 것에 교수목표를 두고 있다.

統監府 및 朝鮮總督府의 관리하에 편찬 발행하여 조선인에게 교육했던 일본어 교과서를 '統監府期'와 '日帝强占期'로 대별하고, 다시 日帝强占期를 '一期'에서 五期'로 분류하여 '教科書名, 編纂年度, 卷數, 初等學校名, 編纂處' 등을 〈표 5〉로 정리하였다.

〈표 5〉朝鮮統監府, 日帝强占期 朝鮮에서 사용한 日本語教科書

區分	期數別 日本語教科書 名稱			編纂年度 및 卷數	初等學校名	編纂處
統監府期	普通學校學徒用 日語讀本			1907~1908 全8卷	普通學校	大韓帝國 學部
日帝强占期	訂正 普通學校學徒用國語讀本			1911. 3. 15 全8卷	普通學校	朝鮮總督府
	一期	普通學校國語讀本		1912~1915 全8卷	普通學校	朝鮮總督府
		改正普通學校國語讀本		1918 全8卷		
	二期	普通學校國語讀本		1923~1924 全12卷	普通學校	(1~8)朝鮮總督府 (9~12)日本文部省
	三期	普通學校國語讀本		1930~1935 全12卷	普通學校	朝鮮總督府
	四期	初等國語讀本 小學國語讀本		1939~1941 全12卷	小學校	(1~6)朝鮮總督府 (7~12)日本文部省
	五期	ヨミカタ	1~2학년 4권	1942 1~4卷	國民學校	朝鮮總督府
		初等國語	3~6학년 8권	1942~1944 5~12卷		

第三期『普通學校國語讀本』은, 第一, 二期『普通學校國語讀本』에 이어
당시 정치적 목적에 의하여 조선 아동을 대상으로 편찬된 초등교과서로,
일본정부가 바라던 바, 즉 교과서를 통하여 조선인을 천황의 신민답게 육
성하려는 교육목표에 의한 초등학교용 교과서라 할 수 있을 것이다.

2014년 2월
전남대학교 일어일문학과 김순전

《朝鮮總督府編纂 第三期『普通學校國語讀本』編著 凡例》

1. 권1은 1학년 1학기, 권2는 1학년 2학기, ...권12는 6학년 2학기로 한다.

2. 원본의 세로쓰기를 편의상 좌로 90도 회전하여 가로쓰기로 한다.

3. 원본의 상란은 좌란으로 한다.

4. 원본 권7의 방점(傍點)부분은 〈짙은색〉과 밑줄로 표기하였다.

5. 반복첨자 기호는 가로쓰기이므로 반복표기로 한다.

6. 한자의 독음은 (   )안에 가나로 표기한다.

7. 대화문과 지문 스타일은 각 기수마다 다르므로 각 기수의 원문대로 표기한다.

朝鮮總督府 編纂 第三期 (1930～1935)

普通學校國語讀本 卷五

第3學年 1學期

普通學校

國語讀本 卷五

朝鮮總督府

普通學校國語讀本 巻五
もくろく

[一] 私どもの面

學校の門から東へ二百メートルほど行くと、面の本通に出ます。此の通は私どもの面の中で一番にぎやかな所で、家が百けんばかり道の兩がわにならんでいます。

白ペンキぬりの二かいだてが郵便所で、其の右どなりに面事務(じむ)所、左どなりにりょかんが有ります。面事務所の向いがわにちうざい所が有ります。其の外、ごふく屋・ざっか屋・とこ屋なども有ります。

郵便

向外屋

面の南の方を小川がながれています。つねにはごく水が少いのに、雨がふりつずくと、大水が出て、あふれる事があります。去年も土手が一所こわれて、川の近くの家は水につかりました。此の春、土手を高く丈夫になおしたから、これからは水がいは有るまいという事です。

本通の北はずれに、大きなけやきの木が一本立っています。其のあたりが市ばで、きうれきの一の日と六の日とに市が立ちます。市の日には、遠い所からも人が集って來て、大そうにぎわいます。

去
土

市
集

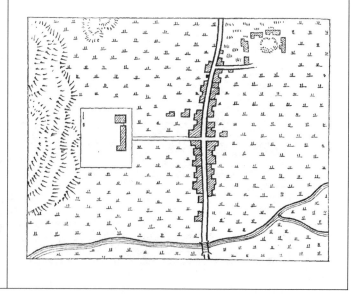

學校のうしろは小山で、かなり大きな松の木が一面に生いしげっています。此の松の木は、うちのにいさんたちがまだ此の學校に通っていた時に、生徒がみんなで植えたのだそうです。

面からてい車ばの有る町までは、三十キロメートルあまりありますが、のりあい自動車が日に二回ずつ通っていますから、交通にふべんはありません。

植

動
回
交通

[二] 草のめ木のめ

芽
黒

草の芽は
黒い土から出て、
きれいに光っている。

木の芽は
かたい枝から出て、
やわらかく光っている。

みんな

つゆで顔を洗って、

あたたかい光をうけるからだろう。

草の芽、木の芽、

ひくいところや

高いところから、

みんな春が來たとうたっている。

【三】かジ屋サン

近
暗

私ノ家ノ近所ニカジ屋ガ有リマス。毎朝暗イ中カラ、「トンテンカン、トンテンカン」ト、ツチノ音ガキコエマス。

私ハ時時ソコヘ行ッテ見マス。

鐵(鉄)
引
相
打

かジ屋サンガフイゴヲ動カスト、火ガイキオイヨクオコリマス。火ガオコルト、鐵ガヤケテマッカニナリマス。マッカナ鐵ガ引出サレテ、カナシキノ上ニノセラレマス。かジ屋サンハデシヲ相手ニ、「トンテンカン、トンテンカン」ト、ツズケザマニ打チマス。ツチノ音ニツレテ、パッパト火花ガチリマス。チョウド花火ノヨウデス。

折
曲
合

鍬

コンナニシテ、何ベンモ何ベンモ、ヤイテハ打チ、
ヤイテハ打チマス。イクラ鐵ノボウデモ、かジ屋サ
ンニハカナイマセン。打チノバサレタリ、折曲ゲラ
レタリ、切リトラレタリ、ツギ合ワサレタリ、ジユ
ウニサレマス。コウシテ、カマヤ鍬ヤ、其ノ外色色
ノ物ガ作ラレマス。

【四】大蛇【おろち】たいじ

御

箸
流

娘

天照大神(あまてらすおうみかみ)の御弟にすさのおのみことと申す神さまがございました。ある時さびしい川のはたをお通りになりますと、箸が流れて來ました。みことは此の川上にも人がすんで居るのかとおかんがえになって、だんだん山おくへおはいりになりました。すると、おじいさんとおばあさんが、一人の娘を中において、泣いて居るのに出あいました。

「なぜ泣くのか。」

とおたずねになりますと、おじいさんが、

「私どもにはもと娘が八人ございました。それを八岐(やまた)の大蛇が來て、毎年一人ずつたべました。もう此の子一人になりましたのに、近い中に又其の大蛇がたべにまいります。」

とこたえました。

「どんな大蛇か。」

「頭が八つ、尾が八つ有って、目はほうずきのように赤く、せ中にはこけがはえています。」

「よし。其の大蛇をたいじしてやろう。強い酒をたくさんつくれ。」

おじいさんは大そうよろこんで、酒をつくりました。みことはそれを八つのおけに入れさせて、八岐の大蛇の來るのを待っていらっしゃいました。

間もなく大蛇が來て、八つの頭を八つのおけに入れて、其の強い酒を飲みました。

飲みほして、大蛇がよいつぶれますと、みことはこしのつるぎをぬいて、大蛇をずたずたにお切りになりました。其の時、一つの尾の中から、つるぎが一ふり出ました。「これはめずらしいつるぎだ。自分の物にしてはならない。」とおぼしめして、天照大神にお上げになりました。

［五］ 大そうじ

きのう私どもの面は大そうじでした。

私のうちではいつもより早く起きて、ごはんをすましました。先ず家の中の物をのこらず外へ出すことになりました。にわにむしろをしいて、そこへ、机や本箱や戸だなや、色色な物をはこび出しました。ふとんやかやなどは、へいの上や竿などにかけて干しました。

いつか妹が泣いてさがしたえ本と、私の赤いうんどう帽がたんすのかげから出ました。だい所でつけ物のかめを動かすと、大きなねずみが一ぴきとび出しました。ねいさんがびっくりして、「きゃっ」と言ったので、みんなに笑われました。

起

竿

帽

きゃ

根 軒 道具 猫 玉英 内 札	おとうさんはシャベルで家の前のどぶをきれいにさらって、水がよく流れるようになさいました。にいさんは竿の先にほうきをつけて、屋根うらや軒下のくものすやすすをはらいました。おかあさんとねいさんはへやをはいたり、道具をふいたりなさいました。私も物をはこんだり、水をくんだり、色色お手つだいをしました。妹は猫をだいてうろうろして居ましたので、おかあさんに、 　「玉英も自分のおもちゃだけはちゃんとおかたずけなさい。」 と言われました。 家の内も外も大方そうじがすんだころ、巡査（じゅんさ）さんがまわっておいでになりました。おとうさんがあいさつをなさいますと、 　「大そうきれいになりました。」 とおっしゃって、けんさずみの札を下さいました。

［六］日記

記 木曜 晴 帳 表紙 曇 三日 後 止	五月一日　木曜　晴 　今日から日記をつける事にしました。おとうさんに話したら、「それはよい事だ。」とおっしゃって、此の帳面を買って下さいました。表紙の「日記帳」という字もおとうさんが書いて下さいました。 五月二日　金曜　曇 英子は今朝から頭がいたいと言ってねて居ます。ねつも少し有ります。たぶんかぜをひいたのでしょう。おかあさんが、「今日は學校を休ませるから、おとどけをしなさい。」とおっしゃったので、學校へ行くと、すぐ一年の先生におとどけをしました。うちにかえった時には、ねつはもうさがって、頭もいたくないと言って居ました。 五月三日　土曜　曇後雨 英子は大そう元氣になりましたが、「まだ時時せきが出るから、今日一日だけ學校を休ませる。」と、おかあさんがおっしゃったので、私は先生に其の事を申し上げました。 じゅぎょうがすむころになって、雨がふり出しました。止みそうもないので、かけ足でうちへかえりました。

四日 、 苦 し 國語 <u>五日</u> <u>月</u> <u>六日</u> <u>火</u> 乘	五月四日　日曜　晴 　夜の中に雨がはれて、氣持のいゝ天氣になりました。草や木の若葉がいきいきと日にかゞやいています。 　英子のびょう氣もすっかりなおりました。さんじゅっと國語のふくしうを見てやりました。 　午後は、うらのあき地で、金さんとまりなげをしてあそびました。 五月五日　月曜　晴 五月六日　火曜　晴 　夕はんがすんでから、おとうさんのじてん車をかりて、うらのあき地でけいこをしました。大人のじてん車には、まだなかなかうまく乘れません。三度目にやっとうまく乘れたと思ったら、三メートルほど進むと、よこにたおれて、手を少しすりむきました。

[七] あわてた朝

算術
習
僕
しゅ

忘

分

ごはんがすんで、今日の時間わりの物をそろえよう
として、算術の學習帳を取出すと、ぱらりとおちた
物がある。僕ははっと氣づいた。きのうわたされた
算術のしゅくだいだ。ゆうべはあたらしくついた
ざっしをよむのにむちうになって、しゅくだいの
有ったのをすっかり忘れて居たのだ。

「おかあさん、今何時。」

「七時十五分。」

「おそくならないでしょか。」

「どうかしたのですか。」

「算術のしゅくだいをするのを忘れたのです。まだ時間が有るでしょうか。」

「大丈夫ですよ。おちついて、まちがえないようにしなさい。」

始　すぐに始めた。みんなで十だい。すんだのは七時四十五分であった。學校が始まるまで、あと十五分しかない。ちこくをしないだろうかと、氣が氣でな朴　い。大いそぎで行くと、郵便所の曲りかどで、朴さんにあったので、ほっと安心した。

[八] 活動シャシン

活運場ぐべ

様列

ユウベ學校ノ運動場デ活動シャシンガ有リマシタ。私ハオカアサンニツレラレテ見ニ行キマシタ。サマザマナシャシンガウツリマシタガ、ドレモミナオモシロウゴザイマシタ。

其ノ中デ一番メズラシカッタノハ、海ノ中ノ有様ヲウツシタモノデス。タイガタクサン列ヲ作ッテオヨイデ居ルトコロヤ、タコガ足ヲジユウジザイニ動カシテ、岩カラ岩ヘハイマワッテ居ルトコロナドガ有リマシタ。又コンブヤワカメナドガユラユラトユレテイルノモ美シウゴザイマシタ。

「コウイウシャシンヲドウシテトル事ガ出來タノデショウカ。」

分

々

習

廣

トオカアサンニウカガイマシタガ、オカアサンハ

「私ニモ分リマセン。」

トオッシャイマシタ。

ソレカラ内地ノ方々ノケシキヲウツシマシタ。富士

(フジ)山ノシャシンガウツッタ時ニハ、二年生ノ時

習ッタ事ガ思イ出サレテ、ナツカシウゴザイマシ

タ。

此ノヘンデ活動シャシンヲスル事ハメッタニ有リマ

セン。私ガ一年生ノ時一度有ッタキリデ、今度ガ二

度目デス。ソレデスカラ、外ノ村カラモ見物人ガ

集ッテ來テ、廣イ運動場モ、人デーパイニナリマシ

タ。

[九] 兄へ

<table>
<tr><td>仁
京城
珍</td><td>仁英の兄は京城の學校に行って居ます。おもしろい事や珍しい事が有ると、きっとうちへ知らせます。今日も、遠足した事を書いた手紙を、仁英にあててよこしました。
母は仁英に、
　「いつもにいさんからお手紙をいたゞくばかりだから、今日はお前も一つ書いてお出しなさい。」
と言いました。
　「それでも、何と書いてよいか分りません。」
　「何でも思った事を、お話するように書けばよいのです。」
　「それでは白が子をうんだ事を書いてもようございますか。」
　「それはにいさんがよろこぶでしょう。」</td></tr>
<tr><td>畫
裏

休
分</td><td>仁英は葉書の裏に次のように書きました。
　「にいさん、いつもおもしろい事をお知らせ下さってありがとうございます。うちでは、此の間白がかわいらしい子を五ひきうみました。みんな元氣でおちゝをのんでいます。夏休までには大分大きくなりましょう。」</td></tr>
</table>

表
名

母に見せますと、

　「大そうよく出來ました。表にあて名とお前の名を
　書いてお出しなさい。あて名はにいさんから來た
　のをよく見てお書きなさい。」

と言いました。

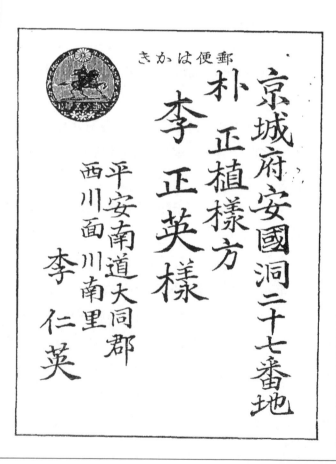

【十】旅人とひばり

雲雀 起	旅人「雲雀さん、なぜそんなに早起をして、空にあがっ 　　　て歌っているのですか。」 雲雀「私たちが生きているのも、私たちのたべ物が有 　　　るのも、みんなお日様のおかげです。私はお日 禮(礼)　　　様にお禮を申しているのです。」

旅人は「なるほど。」と思って、東の山の上に出ているお日様を仰いで見ました。そうして

「お日様、ありがとうございます。」

仰

聲 樂	とお禮を申しました。それから大へんな元氣で歩き出しました。雲雀は一そう高い聲で歌いつずけました。旅人も雲雀も心が晴晴して、樂しいことでしょう。

【十一】お話二つ

一

手が足にむかって、

「私はどんなえらい人の前へでも、はだかで出られます。あなたははだかでは出られないでしょう。」

と言って、自まんをしました。

すると、足は笑いながら、

「それでも、私がよごれた時に、私を洗うのはあなたでしょう。」

と言いました。

二

字を知らない男がとなりへ行った時、となりのおじいさんが、

「目がねをかけると、本がよくよめる。」

と言いながら、おもしろそうに本をよんで居ました。

それを聞いて、男はさっそく町の目がね屋へ行きました。

上

「目がねを一つ下さい。」

「はい。これは上とうのしなでございます。」

男は其の目がねを買いました。そうしてうちにかえると、すぐに本を出して見て居ましたが、おこって言いました。

「此の目がねはだめだ。これをかけても、少しも本がよめない。」

[十二] 親心

親	南滿洲(まんしう)鐵道熊岳城驛(ゆうがくじょうえき)の近くに、望小(ぼうしょう)山という山高帽子のような山が有ります。
出	昔此の山のふもとに、母と子がさびしくくらして居ました。母はいつもむすこの出世をねがっていました。
孝行	むすこもまたどうかして母を安心させるようなりっぱな人になって、孝行をしたいものだと、其の事ばかりかんがえていました。

むすこはかしこい生れつきで、大そう學問がすき
でした。そこで母のゆるしをうけて、學問のしゅ
ぎょうに行くことになりました。それには都に行
かなければなりません。都に行くには船に乗らな
ければなりません。

いよいよ出ぱつすることになりました。

　「おかあさん、行ってまいります。るす中はずい分
　　お氣をつけなさって。」

　「お前も道中氣をつけて。」

と、たがいにわかれをおしみながらも、むすこはよ
ろこび勇んで家を出ました。

ところが、むすこからは都についたという知らせも
なく、月日がたって、かえる頃になっても、何のた
よりも有りません。

母は心ぱいしはじめました。それから毎日山にの
ぼって、海の方をながめながら、白帆を見ては、も
しや我が子の船ではないかと、たゞそればかり思い
つづけてくらして居ました。

子の事ばかり思いつづけて、母はかみをゆうこと

問

都

勇

頃

我

も、着物を着かえることも忘れてしまいました。「かわいそうな人だ。子のために氣がくるった。」と、村の人々は大そう氣のどくがりました。

子は、渤（ぼっ）海の大あれに船がしずんで、死んだのでした。母はそれを知らずに待ちこがれで、とうとうふもとの家で死にました。村の人は此の母のために、塔（とう）を山の上にたててとむらいました。つたえ聞く者は誰言うとなく、此の山を望小山と呼ぶようになりました。

誰

【十三】かいこ

蠶(蚕) 桑 蠶棚 晝	きのうからうちの蠶が上り始めました。上る頃には、蠶のからだがすき通るようになります。もう桑の葉をたべないで、頭を上げて、繭(まゆ)をかける所をさがします。それをひろって、まぶしへうつすのですが、少しでもおくれると、蠶箔(ぱく)の裏や棚のすみなどで、繭をかけ始めますから、ちっともゆだんが出來ません。今日のお晝頃は、うち中目がまわるほどいそがしうございました。

まぶしでは、かさかさという音がしています。これは蠶が動くからです。早いのはもう繭を作り上げています。又うすい紙のような作りかけの繭の

<table>
<tr><td>場

夜</td><td>

中で、きうくつそうにからだを曲げて、一生けんめ
いにはたらいているのもあります。まだ繭をかける
場所をさがしているのもあります。今桑の葉をたべ
ている蠶も、明日の朝までには、大てい上ってしま
うそうです。さっきおかあさんが、
「いよいよ今夜一晩になったよ。これで八分通だ。」
と、ねいさんにおっしゃいました。おかあさんもね
いさんも、此の五六日は夜もろくろくおやすみにな
らないようです。

</td></tr>
</table>

[十四] 山びこ

裏の松山　松のかげ、
　すゞしい風が吹くところ、
　　時々　僕が來るところ。

遠いお山は　青い色、
　晴れたお空も　青い色。
　　お空に　とんびが　とんでいる。

胸

僕の心は　かるくなる。

両手を上げる、

胸をはる。

大きな聲を

はり上げる。

「おうい、　お空のとんびさん。」

すると　どこかで　聲がする。

「おうい、　お空のとんびさん。」

[十五] 騎馬戰 [きばせん]

體(体) 操 號(号) 令	きのうの**五時間目**は**體操**であった。 **二十分**ほど**體操**をすると、**先生**は「**休め。**」の**號令**を かけて、おへやに**行**かれた。そうして**赤**と**白**のたす きをたくさん**持**っておいでになった。 「**何**をするのだろう。」 あちらでもこちらでも、さ丶やく**聲**がする。 やがて**號令**がか丶った。 「**氣**をつけ。」 「**四**の**番號** ——— **番號**。」 **四**の**番號**をつけた。

たすきがわたされた。

「これから**騎馬戰**。**前後列**ともよう**い**。」

前
後 みんな**小**おどりしてよろこんだ。**前列**は**東**、**後列**は

西のじん**地**についた。

「馬を作れ。」

すばやく馬を作って、乗手を乗せた。

「ようい。かゝれ。」

敵

進

君

「わあっ」と、ときの聲があがった。敵もみかたも
とっ進し、入りみだれてたゝかった。

僕らは敵の一組と取組んだ。乗手は金君。からだは
小さいが、すばしこくて強い。たちまちの中に敵を
打ちとってしまった。つずいて、左の方にたゝかっ
て居るみかたをたすけ、又右の方に乗りこんで、敵
の二組をたおした。

殘

見まわすと、敵はもう一組も殘って居ない。みかた
はまだ三組殘って居る。勝どきをあげて、みかたの
じん地にかえった。

「赤、勝ち。」

旗

先生の手に旗がさっとあげられた。

みかたも敵も一せいに手をたゝいた。

[十六] アリ

菓
庭
蟻

運

蝶

私ガ菓子ノカケラヲ庭ニコボシタラ、其ノヘンヲ歩イテ居タ蟻ガ見ツケテ、スグニ引始メマシタ。「ドコヘ行クノダロウ。」ト思ッテ見テ居ルト、ニメートルホドハナレタ石ノ下ノ穴ヘ運ビコミマシタ。

シバラクスルト、今度ハニヒキヅレデ出テ來テ、サッキノアタリヲサガシマワッテ居マス。「モット大キナ物ハドウシテ運ブダロウカ。」ト思ッタノデ、蝶ノ死ンダノヲヒロッテ來テヤリマシタ。

蟻ハヒゲデ蝶ニサワッテ見テ居マシタガ、ヤガテクイツイテ、カ一パイヒッパッテ見マシタ。シカシ少シモ動キマセン。蟻ハソレヲハナシテ、巣ノ方ヘカエリマシタ。ソウシテ穴ノソバデ、仲間ニアウ度ニ、ヒゲヲスリ合ワセテ、何カ話デモシテ居ルヨウデシタ。スルト間モナク穴カラタクサンノ蟻ガ出テ來テ、蝶ノマワリニマッ黒ニタカリマシタ。ソウシテ皆デカカギリ穴ノ方ヘ引始メマシタ。「ヨイサ、ヨイサ」ト、カケ聲デモカケテ引イテ行クヨウニ見エマス。頭ニカミツイテ引クノモアリマス。羽ノトコロヲクワエテイルカト思ウト、シリノ方ヘマワッテ引クノモアリマス。下ジキニナッテコロブノモアレバ、仲間ヲ乗リコシテ蝶ニ近ヨルノモアリマス。其ノ一生ケンメイナ様子ガ大ソウオモシロイノデ、長イ間見テ居マシタガ、トウトウ穴ノ口マデ運ンデシマイマシタ。

巣
仲
皆
様子

【十七】土を運ぶ人

照
新
馬

肉

粒
汗
働

下

日がかんかんと頭の上に照っていました。山の下の新道を通ると、一人の人夫が一生けんめいに道ばたの土をほり取っては、馬車に入れ、ほり取っては、馬車に入れていました。

シャベルを動かす度に、太くたくましいうでの肉がこぶのようにもり上ります。日にやけた赤黒いひたいからは、大粒の汗がたらたらと流れています。其の汗をいく度もいく度もふいては、働いて居るのです。

やがて土は車の上に山もりになりました。人夫はやれやれといったように、かたわらのむしろの上にこしを下しました。

茶暑言

むしろの上には、水の一ぱいはいった古ぼけたバケツが有ります。其のそばにうわぎがなげ出され、やかんと茶わんがむぞうさにおかれてあります。

人夫は「暑い、暑い。」とひとり言を言いながら、やかんの水を茶わんについで、つずけざまに何ばいも飲みました。

しばらくすると、「どうれ。」と言って立上りました。バケツの水を馬に飲ませてから、さも仲のよい友だちにでもするように、肩のあたりを二三度かるくたゝきました。そうしてごとごとと向うの方へ馬車を引いて行きました。

[十八] 夕すゞみ

凉

畫の間はやけつくような暑さでした。日がくれてからも、なかなか凉しくなりませんので、弟と二人で凉みだいを家の前に持出しました。

間もなくおとうさんもおかあさんも出ていらっしゃいました。

あちらにもこちらにも人の話聲がします。やはり皆外へ出て、凉んで居るのでしょう。月は出ていませんが、星がきらきら光っています。大きい星、小さい星、青白い星、赤い星、どれもどれもやさしい目つきで、私どもを見つめて居るように思われます。

吸
暗
消

達

おとうさんも空をながめながら、たばこを吸ってい
らっしゃいます。其の火が暗の中で光ったり、消え
たりしています。

おかあさんはしきりにうちわであおいでいらっしゃ
います。小さい妹もまねをして、うちわをふりまわ
して居ます。

弟はだいに上ったり下りたり、となりの家の方まで
行ったりして、少しもおちついて居ません。

其の中によほど涼しくなったので、私達は家にはい
りました。

[十九] ろばをうるのう夫

あるのう夫がろばを町へうりに行こうと思って、むすこと二人で引いて行きました。

間もなく出あった四五人の娘達が、

「ばかな人達ですね。ろばに乗らないで、此のすな

ほこりの道をぽこぽこ歩いて行くとは。」

と言いながら、通りすぎました。のう夫はそれを聞いて、「なるほど。」と思い、むすこをろばに乗せて、自分はそばについて行きました。

すると向うから二人づれの男が歩いて來ました。そうして

　「ごらんなさい。親を歩かせて、子がろばに乗って
　　います。あんな親ふこうな子はろくな人げんにな
　　りますまい。」

と言いました。のう夫は「もっともだ。」と思って、今度はむすこをろばからおろして、自分が乗りました。しばらく行くと、又一むれの人に出あいました。其の人達は、

　「かわいそうに。子どもを歩かせて、大人が氣らく
　　そうにろばに乗って居ます。」

と言って通りました。のう夫は又「いかにもそうだ。」と思って、すぐにむすこをも一しょにろばに乗せました。

ところが、其の次に行きあった人達は、

　「むごい事をする人達ですね。あんな小さなろばに

　　二人も乗ったら、足が折れてしまうでしょう。」

と言って通りすぎました。二人は「ほんとうにそう

だ。」と思って、ろばから下りました。そうして今度

は色々とかんがえた末、ろばの四つ足をなわでし

ばって、ぼうを通して、親子二人でかついで行きま

した。

[二十] 先生へ

○

先生。私はおとうさんに連れられて、二三日前にこゝへ來ました。こゝは元山の近くで、海は目の前に見えます。午前と午後に一度ずつ海にはいりますが、まだからだがよく浮きません。頭を水につけて、ようよう少し泳げ出したばかりです。五六回足をばたばたすると、もういきが苦しくなります。それで頭を上げると、今度はからだが沈みそうになります。おとうさんは「二三度しお水を飲まなくては、ものにならぬ。」とおっしゃいますが、一生けんめいにれん習して居ますから、あと一週間もしたら、よほど泳げるようになりましょう。色だけは人なみに赤黒くやけました。

○

先生。今朝は面白いものを見ました。こればかりは先生にもお見せしたいと思いました。

日の出ない中におとうさんと海岸に行きました。そこには大ぜいのりょうしに女や子どももまじって、

連

浮
泳

沈

週

面

岸

網

教

網

網引の時つかうような網を、海から引上げているではありませんか。おとうさんに「何でしょう。」と聞いても、「見ていたら分かる。」と言って、教えては下さいません。

網を引くかけ聲がだんだん早くなって、網の先の方に、大きな網のふくろが見え出して來ました。其の中には、さかながうようよしていました。やがて網は引上げられました。色々なさかながぴんぴんはね

ています。かにがはさみを立てて、あわを吹いています。ふぐはおこったようにふくれています。ほんとうに面白い見ものでした。

先生、これは地引というのだそうです。

[二十一] 古机

此所 供 問 答	私ハ古机デゴザイマス。私ガ此所ヘ來マシタノハ、此ノ學校ガ出來タ年デゴザイマスカラ、今年デ二十年ニナリマス。長イ間ニ色色ナ子供ヲ見マシタ。 アクビヤワキ見バカリシテイテ、何ヲ問ワレテモ、答エルコトノ出來ナイ子供モ有リマシタ。ヨク氣ヲツケテイテ、何デモハッキリ答エル子供モ有リマシタ。 字ヲ書クノニ、筆ヲオトシタリ、墨ヲコボシタリ、書キソコナッテ紙ヲタクサンホゴニシタリスルヨウナ、ソハッカシイ子供モ有リマシタ。少シモ書キソコナイナドシナイ、オチツイタ子供モ有リマシタ。 度々チコクシテ、先生ニチウイサレル子供モ有リマシタ。一度モチコクヤケッセキヲシナイ子供モ有リマシタ。
土 何時 叱 役	十人十色ト申シマスガ、ホントウニ其ノ通リデ、顔ノチガウヨウニ、セイシツモ一人一人チガッテイマス。學校デ何時モ先生ニホメラレ、友達ニモスカレタ子供ハ、今ハリッパナ人ニナッテイマス。先生ニ叱ラレ、友達ニモキラワレタ子供ハ、大テイ役ニ立

好

タナイ人ニナッテシマイマシタ。

私ハ子供ガ好キデスガ、長イ間ニハ、ドウシテモ好キニナレナイ子供ガ五六人ゴザイマシタ。私ノカラダヲコンナニグラツクヨウニシタノモ、コンナニキズダラケニシタノモ、其ノ子供達デゴザイマス。

［二十二］ふん水

水でっぽうはおす力で水があんなにとぶのです。ふん水もどこかにおす力が有って、あんなに高くふき上げるのだろうか。

私はふん水を見てかえってから、どうかして其のわけを知りたいと思いました。おとうさんに話しますと、一メートル半ばかりの細いゴムのくだを出して下さいました。そうして

「これ一本有れば、ふん水のりくつが分る。」

とおっしゃいました。

私は、「ふん水は地面の中にくだが有って、それを通って來た水がふき上げているのだろう。」と思いました。それでバケツに水を汲んで來て、くだの一方を其の中に入れ、他の一方から吸って見ました。水が口にとゞいたので、それを地面におくと、水はくだを通って、いくらでも流れ出ました。けれどもくだの先を上に持上げると、もう少しも流れ出ません。

「どうしたら、くだの先から水が上るだろうか。」

考	色々考えた末、バケツを少し高い所におきかえ、又前のようにくだを入れて、吸って見ました。そうして口をはなしたら、くだの先から水が十五センチほどとび出しました。「あゝ、分った、分った。これだ。」と思わずさけびました。

移	次にバケツを一そう高い所に移しました。今度は三十センチばかりも水がとび出しました。それからゴムのくだの先に、穴の小さいがらすのくだをはめて、先を上に向けて見ました。すると水はいきおいよくとび出して、五十センチあまり上りました。

このように色々バケツのおき場所をかえて見て、水の有る所が高ければ高いほど、くだの先からふき出す水は高く上るものだという事が分りました。私はうれしくてたまりませんでした。

そこへおとうさんがいらっしゃって、「成功、成功。」とほめて下さいました。

成功

[二十三] 人の力

植
昨
谷

姿

「木を植えておくのは樂しみなものだね。此
の山の松は昨年植えたのだが、谷の方は五十セン
チ、山の上の方でも三十センチくらいはのびてい
る。」

「此のいきおいで十年ものびたら、よほど大きくな
りますね。」

「そうさ。其の頃には山の姿がかわるほどしげる
よ。」

「おとうさん、うちの山の松はこんなにそろっての
びているのに、となりの山の松はなぜあんなに、
大きいのや小さいのがあるのですか。」

苗 生 入	「木をすっかり切ったのはどちらも一しょだったが、うちの山は切るとすぐに苗木を植えたのに、となりの山は木の生えるまゝにすてておいたからだ。すてておけば、木のそだちもわるく、そろって大きくもならない。こうして見ると、手入をしたのと、しないのとは大へんなちがいだ。」 「あちらの山の松はのび方がおそいようですね。」 「あれはむやみに下枝を切ったからさ。松の木は下枝をはらいすぎるとわるいのだ。」
考	大植は今まで何の考もなく山を見て居ましたが、父の話を聞いて、人の力のたっといことをさとりました。 「おとうさん、村の人が皆力を合わせて、此のへんのはげ山に木を植えこんだら、十年の中には青くなりましょうね。」 「なるとも。十年もかゝるものかね。」
加	父は笑いながらつけ加えました。 「大植、木を切ってはげ山にしたのも人の力だよ。赤い山を青くするのも人の力だよ。」

[二十四] 郵便函 (ばこ)

私は町の辻に立っている郵便函であります。雨が降っても、風が吹いても、夜でも晝でも、此所に立通しに立っていますが、葉書や封書などを入れる人の外は、私のからだにさわる者が有りません。時々、道を人に聞いて來た人と見えて、「うん、郵便函と言ったのはこれだな。」とひとり言を言って行く者が有ります。

私の役目は御承知の通り、皆様が私の口にお入れになる郵便物を大切にあずかっていて、これを集めに來る人に渡すのであります。どんな日でも、葉書の百枚や封書の三十通ぐらいは、私の口にはいらない事はありません。毎日かならず新聞を入れに來る人も四五人は有ります。たまには雑誌(ざっし)や寫眞(しゃしん)がはいる事も有ります。種物や商品見本も入れてよい事になっていますが、私はまだそれをあずかった事は有りません。

品	私の口にはいる物は、葉書の外はきっと切手がはってあります。それも品と目方によって切手のあたいがちがいます。
急 途	郵便物を集める人は、毎日きまった時こくに來て、私のおなかをあけて持って行きます。其の時こくに、急ぎの封書を入れに來る者が、途中で人と立話でも始めると、私は氣がもめてたまりません。もし間に合わないと、向うにつくのが大そうおくれるからです。
用事	封書には色々こみ入った用事が書いてあるのでしょうが、どんな事が書いてあるかは、私にも分りません。葉書には大ていちょっとしたたよりしか書いてありません。それでも、おめでたい事や樂しそうな事が書いてありますと、私もうれしくなりますが、
悲	悲しい事や苦しそうな事が書いてある時には、思わずもらい泣きをすることがあります。先だって大そう雨の降る晩に、年取ったおじいさんが、遠い所に居るむすこへ出した葉書には、私もはらわたのちぎれるような思がいたしました。「それにはどんな事が
思	書いてあったか。」と言うおたずねが出るかも知れませんが、それは人にもらしてはならない事になっています。

[二十五] 四十雀【から】

何所

青い帽子に　白いシャツ、

　　何所から來たか　四十雀。

　　　ちんちんからら　ちんからら。

　　　あめ屋にしては

　　　　あめがない。

パン屋にしては

パン持たぬ。

何を賣るのか

四十雀。

いえ、いえ、僕は　かるわざし

旅から旅を　ひとりぼち。

あしの細笛　吹きながら、

さかさにくゞる　栗の枝、

よこちょに渡る　つたのつる。

ちんちんかんらら　ちんからら。

賣

笛
栗

[二十六] 三姓穴

全羅(ぜんら)南道の南の方に濟州(さいしう)島という大きな島が有ります。今ではたくさん人がすんで居ますが、大昔は人も馬も牛も何も居ませんでした。

其の頃の話です。ある日、此の島に大きな穴が三つぽかりとあいて、三人の神様が其の穴から一人ずつ出て來ました。

神様方は高い山にのぼって、島を見渡しました。どちらを見ても、人も馬も牛も見えません。あたりは大そうしずかでした。たゞ何所からともなく、木の枝を吹く風の音がかすかに聞えるばかりでした。

それから神様方は毎日海べへ行って、魚や貝るいをとったり、山へのぼって、木の實をとったりしてくらして居ました。

ある日のことです。神様方がいつもの通り海べに出て居ますと、海の上を大きな木の箱が流れて來ました。岸に引きよせてあけて見ると、中からむらさきの着物を着た人と、石の箱が現れました。其の石の箱の中には、青い着物を着た娘が三人居りました。子馬や子牛も居ました。米や麥の種も有りました。

姓穴南島島

聞
魚貝實

岸
現
屋
麥

あまりのふしぎさに、神様方はおどろいて目を見はりました。すると、むらさきの着物の人が立上がって、

國王使　　助　　終

「私は東の國から王様のお使でまいりました。あなた方が此の島にいらっしゃる事を、王様がお聞きになって、此の若い女の方々をおつかわしなされたのです。どうぞこれから御一しょに助け合って、此の島がさかえるようにおつくし下さい。」と言いましたが、言終るとすぐ雲に乗って、空高く上って行きました。

そこで神様方は三人の娘と力を合わせ、田や畠を

たがやして種をまき、野原で子馬や子牛をそだて
ました。

三人の神様は自分自分に良乙那(おつな)・高乙那・
夫乙那という名をつけましたが、まだ王樣と家來の
くべつが有りません。それで弓をいて、一番上手に
まとにいあてた者が王樣になる事にしようと相談
しました。ところが、高乙那が一番上手であったの
で、王樣になり、外の二人は家來になりました。

其の中に、王樣の所にも、家來の所にも、子供がた
くさん生れました。馬も牛もだんだんふえて行きま
した。又米や麥は毎年よくみのりました。

濟州島に行くと、今でも神樣方が出て來たという穴
が有ります。島の人達はこれを三姓穴と言っていま
す。

おわり

良
高
家

弓

相談

昭和七年一月十七日翻刻印刷

昭和七年一月二十日翻刻發行

著作權所有

發行所

普國五
E

定價金十四錢

著作兼
發行者

京城府元町三丁目一番地

朝鮮總督府

翻刻發行
兼印刷者

京城府元町三丁目一番地

朝鮮書籍印刷株式會社

代表者　井上主計

京城府元町三丁目一番地

朝鮮書籍印刷株式會社

朝鮮總督府 編纂 第三期 (1930~1935)

普通學校國語讀本 卷六

第3學年 2學期

普通學校國語讀本 卷六

朝鮮總督府

普通學校國語讀本 巻六
もくろく

[一] 秋の野

菊
其所
穗

青くすみわたった秋空に、とびが一羽しずかにのして居ます。

野も山もすっかり秋の色になりました。赤や黄でいろどられた林の中からは、身にしむような風が吹いて來ます。はぎ・ききょう・なでしこ・野菊・おみなえしなどが、其所にも此所にも咲きみだれています。すゝきは白い穗をそろえて、さやさやと音をたてています。くずの葉かげから、りすがひょっこり姿を見せたが、あわててかくれました。

近くの栗の木の上で、もずがするどい聲で鳴きました。鳴き止んで居た虫の聲が、また一しきり聞えて來ます。

[二] 木の高さ

始終
影
短

棒
返

私の家のそばに高いぽぷらの木が有ります。私はどうかして其の高さを知りたいと始終考えて居ました。

或日私は、木の影が朝は大へん長いが、だんだんちじまって、晝頃には一番短くなり、それから又だんだんのびて行くことに氣がつきました。

そこで一日の中に、物の高さと其の影の長さがちょうど同じになる時が有るにちがいないと考えて、次の日、庭のまん中に二メートル程の棒を立てて、朝から何返となく、其の影の長さをはかって見ました。其の中に、はたして棒の高さと影の長さが同じになったので、すぐにぽぷらの影をはかって見ました。すると八百二十センチありました。

良
附

おとうさんに此の事を話しますと、

「それは良い思附だ。そういうふうにすれば、どんな物の高さでもはかることが出來る。物の高さと影の長さが同じになる時は、一日の中に、午前と午後に一度ずつある。」

と教えて下さいました。

[三] 電話

電 李 宅 明吉 正 祭 遊 過	「もしもし、李さんのお宅ですか。」 「はい。そうです。どなたでございますか。」 「私は明吉君の友達の朴正植ですが、明吉君はいらっしゃいますか。」 「はい。居ります。ちょっとお待ち下さい。呼びますから。」 「もしもし、朴君ですか。僕は李です。」 「李君。明日は神嘗(かんなめ)祭ですが、何所かへ出かけますか。」 「いゝえ。何所へも行きません。」 「それでは僕のうちへ來ませんか。一しょに朝鮮神宮におまいりして、それから二人で遊びましょう。」 「ありがとう。ちょっと待って下さい。おとうさんに聞いて見ますから。」 「お待たせしました。よろしいとの事ですからまいります。何時頃行ったらよいでしょう。」 「お晝過ぎに來て下さい。」 「それでは一時頃行きましょう。」 「待って居ます。ではさようなら。」

[四] 水ノ旅

狹

私ハモト雨ノ一シズクデス。空カラ下リテ、山ノ木ノ葉ノ上ニ休ンデ居タガ、風ニ吹カレテ、土ノ上ニオチマシタ。ヤガテ大ゼイト一ショニナッテ、狹イ谷川ヘハイリマシタ。

ソレカラ岩ニツキアタッタリ、石ノ上ヲトビコエタリシテ、イセイヨク走リマシタ。其ノ中ニ高イガケノ上ニ來マシタノデ、一思イニトビ下リルト、目ガマワッテ、シバラクノ間ハ何モ知ラズニ居マシタ。氣ガツイテ見ルト、遠足ニ來タラシイ生徒ガ五六人、「見事ナタキダ。」ト言ッテナガメテ居マシタ。

ダンダン來ルト、廣イ野原ヘ出マシタ。右カラモ、左カラモ、オイオイ仲間ガ集ッテ來テ、晝ハアタ丶カナ日ニテラサレ、夜ハ美シイ月ヲ浮カベナガラユックリ步キマシタ。

左右
農家

左右ハ一面ノ田ヤ畠デ、アチラコチラニ農家ノ屋根が見エマス。私ノソバヲ通ル人ハ、誰デモ「キレイナ川ダ。」トホメテクレマシタ。

ソノ中、上ノ方デサワガシイ音ガシマシタ。見上ゲルト、ハシガ有ッテ、人ヤ牛ヤ車ガタクサン通ッテ居マシタ。

間モナク町ノ中ヘハイルト、兩ガワニ家ガ立チナランデイマス。此ノアタリカラ、テンマ船ヤ帆カケ船ナドガ、タエズ私ドモノ上ヲユキキスルヨウニナリマシタ。

ヤガテ海ニ出マシタ。此所ハハテガナイ程廣クテ、ドチラヲ見テモ私ドモノ仲間バカリデス。

[五] りんご園

園	「お宅のりんご園は見事な出來ばえでございますね。一たい何時頃からお始めになりましたか。」
治 餘(余) 附	「明治四十三年からで、もう二十年餘になります。私が始める前には、此の附近ではまだ誰もりんごを植えて居ませんでしたが、私が始めてから五六年すると、りんご園をつくる人がおいおい出來て來ました。」

	「りんごは昔から朝鮮にあったのでしょうか。」
種 産	「有るには有りましたが、種類(るい)がごくわるかったので、明治四十年頃から今のような良いりんごを植えるようになりました。一たい朝鮮は土地も氣こ

うもりんごのさいばいにてきして居るから、何所でも良く出來ますが、おもな産地は、鎭南浦(ちんなんぽ)・黄州・大邱(きう)などです。近頃は朝鮮のりんごが內地へもずいぶん行くようになりました。」

「こちらの木にはたくさんなって居ますが、向うの木には一つもなって居ませんね。」

「向うの木は祝(いわい)という種類で、早くじゅくするから、七月の末に取ってしまいました。みどりがかった黄色で、味は大そう良いのですが、貯(たくわ)えて置けないのがけってんです。今なって居るのは紅玉と國光で、紅玉はもう二三日中に取りにかゝるが、國光はなほ二十日餘おくれます。これらはりんごの中でも最も上とうの品で、その上、來年の春まで貯える事が出來ますから此のりんご園では、おもに紅玉と國光を作って居ます。」

「りんごにはまだ外に種類が有りますか。」

「たくさん有ります。しかし朝鮮で作って居るのは、祝・紅玉・國光の外四五種ぐらいでしょう。」

「りんごをさいばいするのは、米のように手がかゝら

ないでしょうね。」

「いや、そうではありません。良い實をならせようと思えば、年中病(びょう)虫害のよぼうやくじょをするばかりでなく、草取も怠ってはなりません。又枝を切ったり、ひりょうをやったりする時期(き)もあやまってはなりません。いよいよ實がなると、強いものだけを殘して、これに袋がけをします。その實がじゅくする頃には、袋をはずして日光にあて、色やつやを良くしてから取入れるので、一年中ほとんどひまの無いものです。」

「そうでございますか。そういうお話を聞くと、此のりんごをむやみにたべてしまうのはおしいような氣がします。」

「いゝえ。私どもは皆さんにたべていたゞくために骨を折って居るのです。皆さんが良いりんごだと言ってたべて下されば、それほどうれしいことは有りません。」

「色々お話をうけたまわってよくわかりました。まことにありがとうございました。」

袋

無

骨

[六] 象

象
由
鼻
牙

見せ物小屋で象を見た。先ず大きなのにおどろいた。たけは三メートルぐらいあった。自由に動かすことの出來る長い鼻、箕(み)の様な耳、長い牙、小さな目、それから太い足、細い尾、一さい繪(え)で見た通りであった。

象使が乘って居て、口上をのべては、らっぱを吹かせたり、ごばんの上へ乘らせたりした。象が大きなおけを鼻で頭の上へまき上げると、乘って居た象使はおけの中へはいってしゃがんだ。象がそれを下して來て地に置くと、象使がぬっとおけの中で立上った。みんな手をうってかっさいした。象の鼻は手の用をなすもので、實に力が有る。

牙は象使の腕よりも太かった。私達ぐらいの子供が出て來て、象の前足にだきついて見せた。子供の手がやっと合っていた。

象使が

「此の太い足で、どさりどさりと歩きます。」

と言うと、長い鼻をぶらぶらさせて歩き出した。何だか地ひゞきでもする様な氣がした。又

「御らんの通り大きなからだをしていますが、氣だてはしごくやさしうございます。なれますればお子供しうのおもりもいたします。印度の國は至って暑うございますので、お子供しうは此の腹の下でお晝ねをなさると申します。」

と言うと、今の子供が象の腹の下へねころんだ。すると、象は鼻で其所にあったうちわを拾って、子供の顔をあおぎ出した。此の時、
「大きなおもりさんだ。」
と誰かが言ったので、みんなが一度にどっと笑った。

[七] 柿

包	「おかあさん、おかえりなさい。」 「たゞいま。ごくろうでした。おみやげを買って來ましたよ。」 おかあさんは手にさげて來たふろしき包をおときになった。三人の目は一せいに中の物にそゝがれる。大きな柿が五つばかりころころところがり出た。 「あゝ柿だ。」 「僕、これ。」 「わたくしはこれ。」 「僕はこれだ。」 三人とも思わず一つずつつかんだ。
惡皮返 急恥	「何です。おぎょうぎの惡い。今、皮をむいて上げますから、お返しなさい。」 僕は急に恥づかしくなって、そっともとに返した。妹も弟もまた返した。 僕が言ひつけられて小刀とおぼんを持って來た。おかあさんは柿を手に取られた。小刀がきらりと光る。おかあさんの手がきように動く。するすると皮がむける。むけるにつれて、黄色い皮が裏表を見せ
垂	ながら、ひものように垂れさがる。

角

むき終ると、實をさくっと二つにわって、心を三角
にえぐり取られた。待ちかねて居た弟は手を出し
た。すると、おかあさんは

　「みんなの分をむいてしまってから、一しょにおあ
　　がりなさい。」

とおっしゃって、またむきつずけられた。其の間の
待遠しかったこと。

やがて、おかあさんが小刀を置かれた。三人は顔を
見合わせて、にっこり笑った。

[八] 昔脱解【セキダッカイ】

新羅(シラギ)ノ王様ニ昔脱解ト申スオ方ガアリマシタ。

オトウ様ハ遠イ東ノ多婆那(タパナ)トイウ國ノ王様デシタ。王ハ脱解ガ大キナ卵デ生マレマシタカラ、「不吉ダ。海ニステヨ。」トキビシクオ命ジニナリマシタ。オカア様ハ泣ク泣ク其ノ卵ヲ絹ニ包ンデ、タカラ物トーショニ箱ニ入レテ、海ニ流シマシタ。

箱ハ流レ流レテ金官(カン)國ニ着キマシタ。此ノ國デハ誰モヒロイ上ゲマセンデシタ。箱ハ又流レ流レテ新羅ノ國ニ着キマシタ。一人ノオバアサンガ之ヲ見ツケテヒロイ上ゲテ見ルト、中ニハ玉ノヨウナ男ノ子ガ居マシタ。オバアサンハ大ソウ喜ンデ、自分ノ子ニシテ育テマシタ。

脱解ハズンズン成長シテ、見事ナ若者ニナリマシタ。魚ヲトル事ガ上手ナノデ、毎日海へ出テ働イテ、親切ニオバアサンヲヤシナイマシタ。

或日オバアサンガ脱解ニ、ソノ身ノ上ヲ話シテ、「オ前ハ人ナミスグレタ生マレツキダカラ、今カラ學問ニ志シテ、リッパナ人ニナルヨウニ。」トサトシマシタ。

不吉
命
絹

著
之
喜
育
長

親

ソレカラ脱解ハ一心ニ學問ヲハゲンダノデ、程ナク人ニ知ラレルヨウニナリマシタ。ソコデ新羅ノ王様ハ脱解ヲオ召シニナッテ、マツリゴトノ御相談ヲナサイマシタ。

脱解ハ二代ノ王様ニ仕エタ後、六十二サイデ王位ヲツギマシタ。慶(ケイ)州ノ月城ハ、此ノ王様ガオスマイニナッタ所ダト言イツタエラレテ居マス。

召

仕
位

[九] 朝鮮米

米野成器倉

私は全羅(ぜんら)北道の平野に生まれた米でございます。十月の中頃、田からかり取られ、稲こきにかけられて、籾(もみ)に成った時は、いよいよこれで一人前になったと思って、うれしうございました。五六日の間むしろの上で干されてから、籾すり器で皮をむかれて玄(げん)米に成りました。そうしてすぐに叺につめられて、倉の中に入れられました。

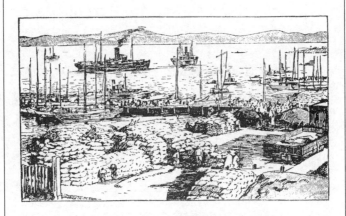

群汽船

さて、この先はどう成る事かと思って居ると、十日程たってから、米商人に買取られて、群山に送られ、此所から汽船につみこまれて、内地へ行く事になりました。まだ見た事の無い所へ行くのがう

別	れしくて、生まれこきょうの**朝鮮**をはなれることは、**別**に悲しいとも思いませんでした。その上、**大**ぜいの仲間と一しょに居るので、大そう**心強**うございました。
荷 船底	**汽船**の中では、色々の**荷物**と一しょに、暗い**船底**に入れられて居ました。暗いのはがまんが**出來**ましたが、きかいの音がたえずがたんたんとひゞいて、やかましかったのにはずい**分弱**りました。
弱 阪	**群山**を出てから三日目に**大阪**に着きました。私どもはすぐ**船底**から**出**されて、又**倉**の中へ運ばれました。やがて、**倉**の中へはいって**來**た人が、
以 砂	「**以前**の**朝鮮米**は**砂**がまじっていたり、かんそうがわるかったりしてこまったが、**近頃**は**大**へんよくなりましたね。」
味	「そうです。**米**のけんさがげんじうになって**來**たからです。それに**味**もよいので、大そうひょうばんがよくなりました。」 と話し合って居ました。
精	其の中に、私どもは**精米所**へ送られて、白米になる事でしょう。

[十] 星

うすら明りの夕空に、
一番星から二番星、
つずいて三つ五つ六つ、
白い光がきらりきらり。

數

暗くなるほど數ふえて、
さてもみごとな星の空。
たゞ一面に金の砂
ちらしたようにぴかりぴかり。

千
萬(万)

人は皆ねた夜夜中、
高い空から見下して、
幾(いく)千万とも數知れぬ
星のまばたきぱちりぱちり。

横

からす飛立つ夜明方、
横雲空にたなびけば、
殘るは幾つ星の數、
あちらこちらにぽつりぽつり。

【十一】神様と孔雀【くじゃく】

授
願
代

孔雀がうぐいすの歌を聞いて、うらやましく思いました。そこで神様に、

「うぐいすはあんなよい聲で歌うことが出來るのに、私は少しも歌うことが出來ません。どうか、私にもうぐいすの様なよい聲をお授け下さい。」

とお願いしました。すると神様は言葉しずかに、

「なる程、お前は歌うことは出來ないが、其の代りに、どの鳥よりも美しいからだを持って居るではないか。頭はほう石のようにかゞやいているし、尾は玉をつずったにしきの様にきれいではないか。」

と言聞かせられました。それでも孔雀は

「いくら美しくても、こんな惡い聲では仕方が有り

　ません。」

と不平を言いました。

神樣は

「そんな分らないことを言うものではない。誰にも

　生まれながらの持前が有る。うぐいすの美しい聲

　も、わしの強い力も、鶴の氣高い姿も、又お前の

　美しいからだも、それぞれ身分におうじて授けて

　あるのだ。お前の願を聞入れてやるわけにはいか

　ない。」

とおさとしになりました。

鶴
氣

[十二] 新井白石

新井白石ハ九ツノ年カラ、毎日晝ノ中ニ三千字、夜ハ一千字ズツ、字ヲ書クコトニキメマシタ。

終
暮
向

冬ハ日ガ短イカラ、キメタダケノ字ヲ書終エナイ中ニ、時々日ガ暮レル事ガ有リマス。ソンナ時ニハ、机ヲ西向ノエンガワニ持出シテ書キマシタ。夜ハネムクナルト、手オケニ汲ンデ置イタ水ヲカブリ、ネムケヲサマシテ書終エルコトニシテ居マシタ。

又學問ヲスルノニ、若イ間ハキマッタ先生ガナカッタカラ、字引ヲ引イテヒトリデ勉強シマシタ。

勉
者

白石ハ、一タンキメタ事ハ少シモタガエズ、熱(ネッ)心ニ勉強シマシタカラ、後ニハリッパナ學者ニナリマシタ。

[十三] 乃木[のぎ]さんの國旗

旗

將

暮

臺

栃木縣(とちぎけん)の那須(なす)野という所に、乃木大將の別莊(そう)が有りました。大將は、東京の家から、時々其所へ行って暮しました。

或年の暮、おみやげだと言って、國旗を一枚ずつ村中の家にもれなく贈(おく)りました。ところが其の國旗に、お金が五十錢ずつそえてあります。村の人たちには、お金をそえてあるわけがわかりませんでした。それかと言って、まさか乃木さんの所へ聞きに行く事も出來ません。とうとう村の人達が集って相談しました。「どうもこれは旗竿代らしい。」という事になって、皆だんだらにぬったおそろいの旗竿を買いました。

乃木さんの別莊の庭には、村の何所からでも見える、大そう高い旗竿が立っていました。この旗竿は車じかけで、旗をするすると上げたり下したりする様に出來ています。

共 丸	明くる年の一月一日、日の出と共に、其の旗竿の先高く、日の丸の旗がいきおいよくひるがえりました。村人は「それ。」と言って、一せいに旗をかゝげました。
祝旦 民必 畑	この旗竿には、祝日・大祭日はもちろん、國民として忘れてならない記念(ねん)日などには、必ず國旗がかゝげられます。うっかり畑へ出て仕事をして居た人達も之を見ると、「それ、乃木さんの所に旗があがった。」と言って、はせかえって、國旗を出す様になりました。

[十四] 萬壽[まんじゆ]

別 貧乏	昔或所に、萬壽というかわいそうな子どもが有りました。父母に早く死別れ、家が貧乏でしたので、小さい時分からよその家にやとわれて、たきゞを取ったり、水を汲んだりして働いて居ました。
主	萬壽はすなおな子どもでしたが、其の主人は少しも思いやりの無い人で、萬壽を朝から晩までおい使って、其の上、小言ばかり言って居ました。それでも萬壽はよくしんぼうして、何時も元氣良く働きました。
迎 元	やがて萬壽は十三の春を迎えました。元日と言えば一年中で一番めでたい日です。皆きれいな着物を着て、樂しく遊ぶのです。ところが萬壽は何時もの通り、ぼろを着たまま山へたきゞを取りに行かなければなりませんでした。
息	山には一面に雪がつもっています。ふもとからは寒い風が吹上げて來ます。あたりには誰も居ません。萬壽は悲しくなりましたが、すぐ氣を取りなおして、つめたい手に息を吹きかけながら、せっせとたきゞを取り始めました。

其の時、後の方でがさがさと大きな音がしました。ふり返って見ると、一ぴきの鹿がこちらを目がけて、一さんにかけて來ます。鹿は萬壽のそばへ來ると、

「どうぞ助けて下さい。りょうしが追いかけて來ます。」

と言ってたのみました。

萬壽はす早く鹿を岩かげにかくしました。そこへりょうしが來ましたが、鹿が見あたらないので、急いで他の方へ行ってしまいました。

鹿は岩かげから出て來て、

「ありがとうございました。おかげで命を拾いました。お禮にさし上げたい物が有りますから、私と一しょにおいで下さい。」

と言いました。萬壽は鹿の言うまゝに、其の後について行きますと、高い岩にかこまれた谷低に出ました。其所には一むらの草が生いしげっていました。鹿が萬壽に向かって、

「此の草を持っておかえり下さい。きっとよい事が有ります。」

と言終ると、其の姿は消えてしまいました。

萬壽はふしぎに思いながら、その草を少しばかり取って山を下りました。ところが草は、歩いて居る中に、だんだん重くなって來ました。見ると、何時の間にか人蔘(じん)にかわっていたのです。

萬壽はそれを賣って、大そうお金をもうけました。それからも、時々其の草を取って來て賣りましたので、とうとう大金持になったということであります。

消

重

[十五] 磁石

磁

昨日 鉢 手

灰

針

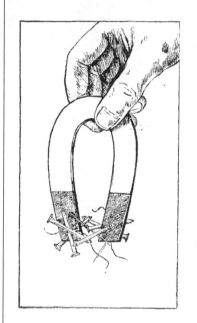

町ノオジサンカラ、オ年玉ニ大キナ磁石ヲイタゞイタ。鐵ヲ引クカガ强イ。昨日ニイサンガクギ箱ヲ火鉢ノフチニ置イテ、手工ヲシテ居タ時、弟ガクギ箱ヲ火鉢ノ中ヘヒックリ返シテ、手ヲ灰ダラケニシテ拾イ始メタ。僕ハ「待テ、待テ。」ト言ッテ、磁石ヲ持ッテ來タ。ソウシテ灰ノ中ヲカキマワシテ、上ゲテ見ルト、ハタシテ磁石ノ先ニクギガタクサンツイテイタ。二三ベンクリ返シタラ、クギハ殘ラズ取レテ、其ノ上折レタ針ヤ、サビタ針金マデツイテ來タ。

[十六] 爪と齒

爪
齒

皮
病
起

食
消化
食

寢

手足の爪がのびると、爪の内がわにあかがたまって
きたなくなるばかりでなく、あかの中にまじって居
るばいきんが、口や皮ふの中にはいって、病氣を起
すことがあります。又思いがけないけがをしたり、
人にきずをつけたりすることもあります。

齒はみがかないときたなくなります。虫齒になるの
は大ていは齒をきれいにしないからです。齒が丈夫
でないと、食物を十分にそしゃくすることが出來な
いので、消化がわるく、その上、食物をおいしく食
べることも出來ません。

それですから手足の爪は短く切り、齒は朝起きた時
と夜寢る前によくみがき、食事の後ではうがいをす
るのがよいのです。

爪
齒

【十七】大阪

大阪ハ、昔ハ難波(ナニワ)ト言ッテ、仁德天皇ガ都セ
ラレタ地デス。今カラ三百五十年程前、豊臣秀吉(ト
ヨトミヒデヨシ)ガ此所ニ城ヲキズイテカラ、ダンダ
ンハンジョウシテ、今デハ我ガ國第一ノ商業地ニ成
リマシタ。工業ノ盛ナ事モ我ガ國第一デ、色々ノ工
場ノ煙トツカラ立上ル煙ガ空一面ニミナギッテイマ
ス。

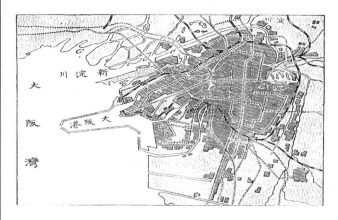

市中ヲ流レル淀(ヨド)川ハ、イクスジニモ分レテ海ニ
ソソギマス。又ホリガタクサン有ッテ、川ト川ヲツ
ナイデイマス。大阪ハホリト橋ノ多イ事デモ有名デ
ス。

城

業 盛

煙 煙

市

橋

港 防波 <u>港</u> <u>波</u> <u>起</u> 往復 住	港ハ淀川ノ川口ニアッテ、南ト北ニ長イ防波堤(テイ)ガツキ出テ港ヲ包ンデイルカラ、ドンナニ風ノ強イ時デモ、港内ニ大波ノ起ル事ハ有リマセン。港ニハ何時モタクサンノ汽船ガテイハクシテイマス。其ノ中ニハ、朝鮮トノ間ヲ往復シテイルノモ有リマス。 大阪ト京城ノ間ニハ航空路(コウクウロ)ガ開ケテイテ、ワズカ六七時間程デレンラクサレマス。 大阪ニハ朝鮮ノ人ガタクサン住ンデイテ、色々ナ仕事ヲシテ居マス。

[十八] 手紙

京

私達の先生はせんだって御上京になりました。二週間ばかりあちらにいらっしゃるということです。此の頃はどんなにおくらしでしょう。

先生がおたちになりましてから、こちらは寒い日がつづきました。いつも學校で皆さんと、「先生はお寒くはないかしら。」などとお案じ申し上げています。先生、おかわりはございませんか。

案

席
致
修身
讀

私達は其の後まだ一人もけっ席を致しません。ちこくする者もありません。修身と讀み方は校長先生に、算術は李先生に教えていたゞいて居ます。その他の科目は、お手すきの先生方が、かわるがわるお教え下さいます。たいそうは何時も四年生と一しょにして居ます。先生の御いゝつけ通り、皆まじめによしうやふくしうをして居ます。

科目

數

私達は先生のおかえりの日を指折り數えて待っ

て居ます。おみやげ話をたくさんおねがい申し上げます。おからだをお大事になさいませ。

　　一月二十五日　　　　　　　　　　李玉順

　　　崔(さい)先生

一週間ばかりたつと、先生からの御返事が届きました。

御手紙ありがとうございました。こちらは寒いといっても、大したことはありません。私はかぜ一つひかず、毎日學校を見たり、講演(こうえん)をきいたりして居ますから御安心下さい。

私は東京に着いた翌日宮城を拜しにまいりました。二重橋の前ではるかに宮城を拜しましたが、宮城に向うと、ありがたさとこうごうしさで自然と頭が下りました。皆さんにお話したいこともたくさんあります。

東京に來てからまだ十日餘しかたちませんが、餘程月日がたったように思います。時々、皆さんの元氣な顔を見たいと思うことがあります。來月三日頃にはかえるつもりで

す。皆さんによろしく。

　一月二十八日　　　　　　　　　　　崔

　李玉順樣

【十九】氷すべり

昨日の午後、にいさんに連れられて、氷すべりに行った。日曜日で、しかも日本晴であったから、河の上はひじょうな人出であった。

一面に張りつめた氷はまるで鏡の様で、其の上を、みんなスケートをつけて、思い思いにすべって居る。大人も居れば、子供も居る。男生徒も居れば、女生徒も居る。又西洋人も居る。

すべるすべる、みんなすべる。恐しい程早くすべって居る人が有る。横へでも、後へでも、自由じざいにすべる人も有れば、片足で面白そうにすべる者も有る。二人で手を引合って、足をそろえてすべって居る人も有り、おにごっこをして居る組も有る。そうかと思うと、ころんでばかりいる者や、人の手にすがってこわごわすべっている者もある。

張鏡

男
女
西洋

恐

片

にいさんは人々の間をぬう様にして、あちらこちらをすべりまわって居たが、私はまだなれないので、片すみの方でころびころびけいこをした。それでも夕方にはどうやら五六メートルはすべれる様になった。

[二十] 朝鮮

陸

コレハ朝鮮ノ地圖(ズ)デス。ゴランナサイ。朝鮮ハアジヤ大陸ノ南東ニツキ出テ居ル大キナ半島デ、ソノ形ハ、西ヲ向イテ立ッテイル兎ニニテ居ルデハアリマセンカ。

江	東・南・西ノ三方ハ海デ、北ハ鴨綠(オウリョウ)江ト豆滿(トマン)江ヲヘダテテ大陸ニツズイテ居ル。
幅	長サノワリアイニ幅ガセマク、一體ニ平地ガ少ナクテ山ガ多イ。面積(セキ)ハオヨソ二十二萬平方キロメートル有ッテ、本州トホヾ同ジクライデス。
白ミャ	兎ノ頭ニアタル所ニ長白山脈(ミャク)ガヨコタワッテ居テ、中デ一番高イノガ白頭山デス。セ骨ニアタルノハ太白山脈デ、北カラ南ニ走ッテ居ル。此ノ山脈
景色	中ニアル金剛(コンゴウ)山ハ、景色ガ良イノデ、富士(フジ)山トナラビ稱(ショウ)セラレテ居ル。
大同	太白山脈ノ東ノ方ハ狹クテ、急ニカタムイテ居ルカラ、平地ガ少ナイケレドモ、西ノ方ハ幅ガ廣クテ、カタムキモユルヤカダカラ、鴨綠江ヲ始メ大同江・漢(カン)江・錦(キン)江・洛(ラク)東江ナドノ大キナ川ガイクスジモ流レテ居テ、廣イ平野ガアル。
材	農産物ハ米・麥・粟・大豆(ダイズ)ナドガオモナモノデ、北部ノ山地カラハ鐵・石炭・金、鴨綠江ノ上流地方カラハ木材ガタクサン出ル。又海カラハイワシ・サバ・グチ・ニシン・メンタイ・タイナドガタクサントレル。此ノホカ名高イ物ニ人蔘(ジン)ト苹果(リンゴ)ガアル。

都會

社

京城ハ朝鮮第一ノ大キナ都會デ、コヽニハ總督府(ソ
ウトクフ)ヲ始メ、色々ノ役所ヤ學校・銀行・會社ナ
ドガアル。

沿

田

入

鐵道ハ京城カラ西方ニ通ジテ居ル。オモナモノハ京
義線(ギセン)・京釜線(フセン)・京元線(セン)ナド
デ、沿線(セン)ニハ新義州・平壤(ジョウ)・大田・大
邱・釜山ナドノ都會ガアル。中デモ新義州ト釜山ハ
朝鮮ノ北ト南ノ入口デ、釜山ト下關(シモノセキ)ノ間
ニハレンラク船ガ通ッテ居ル。

[二十一] 紀元節

紀節祝式 九治 勢苦	今日は紀元節です。朝、學校でお祝の式が有りました。その時、校長先生が次の樣なお話をして下さいました。 　我が國の第一代の天皇を神武(じんむ)天皇と申し上げます。天皇ははじめ九州にいらっしゃいましたが、東の方の國々がまだよく治っていない事をお聞きになって、多くの家來を引連れて、御せいばつにお出かけになりました。 　九州から海岸にそって東にお進みになり、浪速(なにわ)に御上陸になって、今の奈良縣(ならけん)に居た惡者どもを御せいばつになりました。ところが、この惡者どもの勢が大そう強かったので、天皇の御苦心は一通りではありませんでした。

或時は、けわしい山の中で道にお迷いになって居る所へ、一羽のやた烏がお先に立って御案内を申し上げましたので、ようやく其の山をおこしになったこともございます。又或時は、戰のまっさい中に、にわかに空がかきくもって御困りになって居る所へ、金色のとびが一羽何所からともなくとんで來て、天皇のお弓の先に止りました。其のとびがまるでいなびかりの樣に光るので、惡者どもは目を開けて居る事が出來ず、恐れてみんなにげてしまった事もございました。

天皇はこのようにして、とうとう國中の惡者どもを殘らずお平げになって、御即位の式をおあげになりました。その日が紀元元年二月十一日で、今から二千五百九十年餘前になります。

それですから、二月十一日は私どもの忘れてはならない日で、毎年學校では式をあげ、家々では國旗をかゝげて、お祝をするのでございます。

迷

困

恐

平
即

［二十二］石屋さん

かっちんかっちん石をきる。
目がねをかけて、石をきる。
目もとをすえて、石をきる。
汗を流して、石をきる。

かっちんかっちん石をきる。
石よりかたいのみのさき。
のみより強いうでさきで、
かっちんかっちん石をきる。

かっちんかっちん、日が暮れて、
火花が見える、のみのさき。
のみの手もとは暗くても、
かっちんかっちん石をきる。

[二十三] 手

耕工	人に手がなかったらどんなに不自由でしょう。**着物**を着ることも、さじや箸を持つことも出來ません。まりをついたり、すもうをとったりすることも出來ません。 農夫が田や畠を耕すのも、大工が家をたてるのも、女がきぬたを打つのも、皆手でするのです。世の中が進むにしたがって、色々なきかいが出來るようになったが、それを作るのにも、それを使うのにもやはり手がいります。
感働音 本 足	美しいえをかいたり、見事なほり物をこしらえたりして、人を感心させるのも、手の働でしょう。がっきが有っても、手が無かったら、面白い音を出すことは出來ますまい。手はすべての仕事の本です。それだから、仕事を助ける事を手つだいと言い、働く人の足りない事を手が足りないと言います。 家でも國でも、よく手を働かせる人が多ければ多い程盛になります。

[二十四] ことわざ

雨	ゆだん大敵。 ちりもつもれば山と成る。 雨だれ石をうがつ。 かせぐに追いつく貧乏なし。 まかぬ種は生えぬ。
朱 交	朱に交われば赤くなる。 曲ったつえは影も曲る。 馬をにがしてうまやをなおす。
瓦 惜	瓦一枚惜しんでむな木をくさらす。 夏一日遊ぶと冬十日ひもじい。

[二十五] 鵲の恩返し

鵲
恩

昔一人のさむらいがいなかから都へ上る途中の出來事であります。或さびしい山道を通つていると、道ばたの木の上に、鵲の悲しそうな鳴聲がしました。見上げると、二羽の鵲が今にも大きなわしにさらわれようとする所でした。さむらいはかわいそうに思って、弓でわしをい殺しました。危い所を助けられた鵲は、いかにもうれしそうに羽ばたきをして、何所へか飛去りました。

危

飛

宿

やがて日が西にかたむきました。さむらいは早く宿の有る村に行着こうと思って急ぎましたが、何時の間に道をまちがえたのか、行っても行っても、山ばかりで、人家の有る所には出られません。

宿
配

寺
味
泊

疲

蛇
巻

罪

日はもうとうに暮れて、足もとも見えない樣になり
ました。「これは困った。今夜は野宿しなければなる
まいか。」と心配しながら、暗い山道を歩いて行く
と、はるか向うにちらちらとともし火が見えます。「あ
りがたい。あそこに人家が有る。」と、大急ぎで行っ
て見ると、それは古い大きなお寺でありました。

さむらいは何となく氣味の惡い所だとは思いました
が、とにかく泊めてもらおうと思って、戸をたゝき
ました。すると中から一人の男が現れました。

　「道に迷った者です。どうぞ泊めて下さい。」

とたのみますと、こゝろよく承知して、一つのへや
に案内してくれました。其のへやは長らく人が住ん
で居なかったと見えて、かびくさく、ばけ物でも出
そうなので、ぞっと寒けがしました。しかし大そう
疲れて居たので、其のまゝ横になって、寝入ってし
まいました。

しばらくすると、何となく胸苦しくなって目がさめ
ると、これは大へん、からだが大蛇に巻かれている
のです。大蛇はさむらいが目をさましたのを見て、

　「おれはさっきお前を泊めて男だ。お前に罪は無い
　　が、おれは長い間物を食わないので、ひじょうに

腹がすいて居る。氣の毒だがおれに食われてくれ。」

と言うと、さむらいは大そうおどろいてたのみました。

「私は今大事な用が有って都へ上る途中だ。かえりには又此所へ來るから、それまで待ってはくれまいか。」

「なる程それは氣の毒だ。おれにも一つのたのみがある。もしそれをかなえてくれさえすれば、許してもよい。おれは此の寺から一足も出られない様にまじないをかけられて、長らく苦しんで居る。ところが、此の寺の高い鐘つき堂につってある鐘を、夜明前に三度鳴らしてくれると、まじないがとける事になって居る。お前にそれが出來るか。」

「出來るとも。きっと鐘をつき鳴らすから、放してもらいたい。」

許

鐘堂

放

そこでさむらいは大蛇について鐘つき堂に行きました。見上げると、鐘は雲の上かと思われる程高い所につってあります。そこにははしごも無いし、綱も下っていません。もう間もなく夜が明けます。どんなにしても鳴らすことが出來そうにありません。「ああ困った。どうしたらよかろう。自分は此のまゝ大蛇に命を取られてしまうのか。」と、ひじょうにかなしくなりました。

ちょうど其の時です。鐘の音が「ごうん」とひびきました。其のひびきの消えない中に、又「ごうん」、つずいて又「ごうん」。三度鳴ると、大蛇はうれしそうにして何所かへ行ってしまいました。

思いがけない事で、さむらいは一時はおどろきましたが、危い命が助かったので天にも上る心地がしました。それにしても、何者が鐘をついてくれたのであろうかと、夜の明けるのを待ってしらべて見ると、堂の下に二羽の鵲の死がいが有りました。

心地

おわり

昭和七年九月二十二日翻刻印刷
昭和七年九月二十五日翻刻發行

著作權所有

發行所

定價金十四錢

普國六∴

著作兼發行者
京城府元町三丁目一番地

朝鮮總督府

翻刻發行兼印刷者
京城府元町三丁目一番地

朝鮮書籍印刷株式會社
代表者　井上主計

京城府元町三丁目一番地

朝鮮書籍印刷株式會社

朝鮮總督府 編纂 第三期 (1930~1935)

普通學校國語讀本 卷七

第4學年 1學期

普通
學校

國語讀本 卷七

朝鮮總督府

普通學校國語讀本 巻七
もくろく

[第一] 植樹記念日

吹く風はまだ冷たいが、氣の清々する朝だ。私達は
輕裝(けいそう)して校庭に整(せい)列した。先生方も
巻ぎゃはんをつけていらっしゃる。

やがて校長先生が、一本の苗木を持って檀(だん)に
おあがりになった。さうして次のやうなお話をして
下さった。

「皆さん、この小さな苗木をごらんなさい。これで
も大事に育てると、二十年三十年の後には、あの
松のやうな大きな木になります。

長い間朝鮮では、山の木をきるばかりで、そのあ
とに植樹をしなかったので、山といふ山はすっか
りはげてしまひました。大雨が降ると、すぐ水が
出て水害をかうむるのもそのためです。ひでりが
つゞくと、旱害をかうむるのもそのためです。山
に木が茂ると、水害や旱害を防ぐことが出來るば
かりでなく、青々としたながめは人の心をやはら
げます。そこで朝鮮では二十餘年前から四月三日
の祭日を植樹記念日と定めて、全鮮一せいに植樹
を實行して來ました。

樹
念
冷
清
庭
ぎゃ

づ
旱
茂
防

定
全

綠	人の力ほど大きいものはありません。山は年々綠をまして、二十年前にくらべると、見ちがへるほど美しくなって來ました。朝鮮の山が内地の山のやうに青々となるのも遠くはありますまい。
旅 努力 語	近頃、朝鮮を旅行する人々から、『朝鮮の山も木がよく茂って姿がかはった。』と聞くことがあります。これは、二十年來の努力がむくいられて來たことを語るものです。何とうれしいことではありませんか。
林 ゑ	今日もこれからみんなで學校林へ植樹に出かけます。どうか苗木がよく育つやうにていねいに植ゑて下さい。」

お話が終ると、一同は學校林に向った。

學校林に着いていよいよ場所がきまると、分けていたゞいた苗木をめいめい植始めた。私は土のやはらかさうな所をえらんで、ていねいに穴をほった。さうして「どうか大きくなるやうに。」と、心をこめて根もとに土をきせた。植終ってあたりを見ると、他の友達もやうやくすんだ所であった。やがて一同は

歸(帰)	列をとゝのへて學校に歸った。

[第二] 天日槍【あめのひぼこ】

ゐ	垂仁(すゐにん)天皇の御時の事でございます。播磨(はりまの)國の海岸に、見なれない一そうの船が着いて、みなりのりっぱな人が、數人の從者を連れて上陸しました。
數從	
廷使尋	やがて此の事が朝廷に聞えましたので、天皇は使者をおつかはしになって、その人の身の上をお尋ねになりました。
德	「私は新羅(しらぎ)の王子で、天日槍と申すものでございます。天皇の御德をおしたひ申して、はるばる海を渡ってまゐりました。」
	と申しました。さうして鏡や玉や槍(ほこ)などを獻(けん)上いたしました。
仰	天皇は、日槍に土地をたまうて、其所に住むやうに仰せられました。すると、日槍は
巡盡(尽)	「まことに有りがたい仰でございますが、私の願は國々を巡ってみて、心にかなった所に住ませていただゞいて、お國のために盡くしたいのでございます。」

と申し上げました。

天皇はそれをお許しになりました。そこで日槍は方々を巡り歩いてみて、但馬(たじまの)國に住みました。

日槍の子孫は其の地方の名家になって、永く朝廷に仕へました。神功皇后(じんぐうこうごう)の御母君は日槍の子孫でございます。

孫
永
君

[第三] 東京見物

今日叔父(をぢ)さんの案内で東京市内を見物した。

家を出たのは朝の九時過ぎ。まづ宮城に向った。馬場先門停留(ていりう)場で電車を下りておほりばたに出ると、はるかに宮城が見える。まるで繪(ゑ)のやうに美しく、まことに神々(かうがう)しい。おほりをこえると、道の左右はきれいな芝生(しばふ)で、植ゑこみの松のみどりは目がさめるやうに美しい。御正門前の石橋のきはへ行って、うやうやしく宮城を拜した。おほりをへだてて右の方には御所のお屋根が木の間がくれに見え、左の方には二重橋が見える。高い石がきの上から垂れさがつた老松の影がしづかに水にうつつてゐる。

ぢ

木

老
松

公

宮城前の廣場から日比谷(ひゞや)公園へ行く途中、左側(がは)の松の植こみの中で楠(なん)公の銅像を見た。よろひ・かぶとで身をかためた、いかめしい姿の正成(まさしげ)が、馬にまたがって、宮城をお守りしてゐる。

日比谷公園には池もあれば築(つき)山もあって、市中とは思うはれないほど樹木がよく茂ってゐる。西洋草花が色とりどりに咲いゐる。花壇のあたりを、大ぜいの人が樂しさうに歩いてゐる。叔父さんが、

花

　「藤(ふぢ)やつゝじの頃の人出は、大へんなものだ。こゝが運動場で、正面の煉瓦(れんが)造の五階(かい)建が公會堂、あの木立のおくには新音樂堂がある。」

造
建
堂

と、説明して下さった。

坂 點(点)	公園の正門を出て、電車で九段(くだん)坂に向った。廣い道の兩側には街路(がいろ)樹が美しくならんでゐる。日比谷の交叉(さ)點を過ぎると、左はおほりで、右側には七階八階の高い西洋建がずらりと立ちならんでゐる。さすがに大東京だ。
神 參(参) 櫻 社	九段坂の上で電車を下りて靖國(やすくに)神社に參拜した。ちゃうど櫻の花ざかりで、お社は花につつまれてゐる。坂の上からながめると、家の屋根が高くひくく何所までもつゞいて、遠い方はかすんで見えない。叔父さんが

「大正十二年の震災(しんさい)で、一面の燒(やけ)野原となった東京が、わづか十年足らずでよくもこんなに復興(こう)したものだ。」
とひとりごとのやうにおっしゃった。

宮

こゝから自動車で明治神宮へ向った。道の左側のおほりで水鳥が四五羽しづかに泳いでゐた。

私たちの自動車は、電車・自動車がひっきりなしに通る青山の大通を縫(ぬ)ふやうに走り、やがて右に折れた。いよいよ神宮の表參道だ。車は廣々とした道をすゝんで、間もなく神宮橋のたもとで止つた。

一の鳥居をくゞり、一面にしきつめられた小石の道を行く。さくさくとふむ靴(くつ)の音にも自然と心がひきしまる。ゆるやかに曲った道の兩側には、木立がすき間もなく茂ってゐる。二の鳥居を過ぎて右に曲ると、正面に社殿(でん)のお屋根が仰がれる。水屋で手をきよめ口をすゝぎ、拜殿に上ってうやうやしく拜禮した。社殿はすべて檜(ひのき)の白木造で、何のおかざりもないのがかへって氣高く拜される。

参拝をすましてから、寶(ほう)物殿で明治天皇の御遺(い)物を拜觀(かん)した。どの品も御質素(しっそ)な御德をしのばせるものばかりである。

かへりは北参道から外苑(えん)に出た。参道の左右は杉(すぎ)の大木が一面に茂ってゐるふかい森で、新しいお宮の境内(けいだい)とは思はれない。

夜は銀座(ざ)へ行った。電燈(とう)の光で町は晝のやうにあかるい。その光の中を大ぜいの人が後から後からとつゞく。まるで人の波だ。來る電車も、來る電車もみんな滿員(まんいん)。自動車・オートバイもひっきりなしに通る。今が人の出ざかりらしい。叔父さんに、

　「一體この大ぜいの人は何所から出て來たのでせう。」

と言ふと、

　「東京は我が國の首(しゅ)府で、人口が五百萬もあるんだ。」

と笑ひながらおっしゃった。

おみやげに東京名所の繪葉書を買っていただいて、家に歸ったらもう九時を過ぎてゐた。明日は上野・淺草(あさくさ)から隅田(すみだ)川方面を見物し、地下鐵道にも乘せて下さるとのことだ。

[第四] 税

| 税務納限期飯 | 「おとうさん、何所へお出かけになりますか。」
「面事務所へ税金を納めに行くのだ。」
「こんな雨降に行かないで、明日になさってはいかゞでせう。」
「いや、ぜひ今日納めなければならない。この告(こく)知書をごらん、『四月三十日限リ本面事務所ニ納付(ノウフ)スベシ。』と書いてあるだらう。期日中に納めないと、面事務所によけいな手數をかけることになる。」
「さうですか。それでは私が行ってまゐりませう。」
「いや、よろしい。雨も小降になった。面事務所がひけない中に行って來よう。」
父を見送った明吉は、税の事について色々不しんを起しました。考へて見たがよくわからないので、父が歸ったら聞いて見ようと思ひました。
夕飯がすむと、明吉はさっそく父に次のやうな事を尋ねました。
　「おとうさん、面事務所に納める税金は何に使ふのですか。」 |

邑 類 路 改 軍隊 普 幸福 改	「税には大體國税と地方税と府・邑・面税との三種類あって、府・邑・面税は府・邑・面が道路や橋を修繕(ぜん)したり、堤(てい)防を築(きづ)いたりする費(ひ)用に使ひ、地方税は道で學校や病院(いん)を建てたり、農事の改良・獎勵(しょうれい)をする費用にあて、又國税は國家が警察(けいさつ)や軍隊を置いたり、鐵道をしいたりする費用に使ふのだ。なほこの外に、學校費といって普通學校の費用に使ふ税金もある。つまり、私達が幸福に暮して行けるために使って下さるわけだ。」 「さうしますと、税金はひじょうに大切なものですね。」 「さうだ。税金を納めるのは國民の義(ぎ)務だ。世の中にはこの義務を怠るものもあるが、そんな人は一日も早く改めなければならない。」 「地方税や國税も、面事務所へ納めるのですか。」 「さうだ。面事務所で、面内の家々から納めるのをまとめて、それぞれへ送るのだ。」 「どの家でも、納める金高は同じですか。」

財 にう 多少	「いや、それは**財産**や**收入**(しうにう)の**多少**によってちがふ。」 「よくわかりました。ありがたうございます。」

[第五] 塩

塩	一、塩は味<u>が</u>から<u>い</u>。	一、塩は味から<u>し</u>。
	二、塩は色<u>が</u>白<u>い</u>。	二、塩は色白<u>し</u>。
	三、塩は味<u>が</u>から<u>くて</u>、色<u>が</u> 白<u>い</u>。	三、塩は味から<u>くして</u>、色白 <u>し</u>。
必要 油	一、塩は食物の料理（りょう り）に、必要<u>な</u>もの<u>であ る</u>。	一、塩は食物の料理に、必要 <u>なる</u>もの<u>なり</u>。
	二、塩は、味噌（そ）・醬（しょ う）油などを造る<u>のに</u>、 必要<u>な</u>もの<u>である</u>。	二、塩は、味噌・醬油などを <u>造るに</u>、必要<u>なる</u>もの<u>な り</u>。
	三、塩は、食物の料理にも、 味噌・醬油などを造る<u>のに</u> <u>も</u>、必要<u>な</u>もの<u>である</u>。	三、塩は食物の料理にも、 味噌・醬油などを<u>造るに</u> <u>も</u>、必要<u>なる</u>もの<u>なり</u>。
	一、塩は山<u>からも</u>出<u>る</u>。	一、塩は山<u>よりも</u>出<u>づ</u>。
	二、我が國<u>では</u>海水<u>から</u>取 る。	二、我が國<u>にては</u>海水<u>より</u>取 る。
	三、塩は山<u>からも</u>出<u>るけれど も</u>、我が國<u>では</u>海水<u>から</u> 取る。	三、塩は山<u>よりも</u>出<u>づれど も</u>、我が國<u>にては</u>海水<u>よ り</u>取る。

【第六】我が國

部位及借	我が國はアジヤ洲(しう)の東部に位し、日本列島及び朝鮮半島より成る。その外、滿(まん)洲國より借りたる關(かん)東州、列國より預(あづか)れる南洋諸(しょ)島あり。
弓形 連 壬	日本列島はおよそ三つの弓形をなして北東より南西に連なり、その長さおよそ五千キロメートルに及ぶ。中央(おう)に本州あり。本州の北に北海道・樺太(からふと)及び千島列島、南に四國・九州・琉球(りうきう)列島及び臺灣(たいわん)あり。
對	日本列島は、アジヤ大陸と共にオホーツク海・日本海・黄海及び東支那(しな)海をかこみ、太平洋をへだててはるかに北アメリカ大陸と相對す。
積 溫和	面積はおよそ六十七萬平方キロメートル、氣候(こう)は所によりて一樣ならざれども、おほむね温和にして住心地よし。
主 等	産物の主なるものに、米・麥・茶・生糸(きいと)・織(おり)物・陶(とう)器・漆(しつ)器等あり。その他、林産物及び海産物少からず。

發(発)
達

空
便

陸には鐵道及び道路よく發達して汽車・自動車の交通しげく、海には航(こう)路よく開けて汽船の往來盛なり。近時航空路も開けて交通の便さらに加はる。

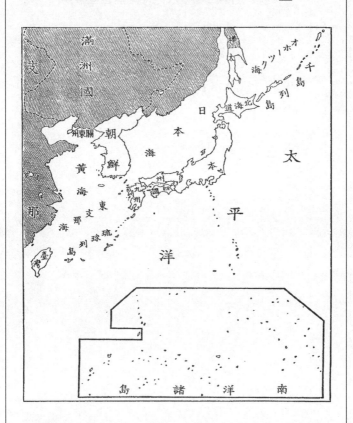

我が國には景色のすぐれたる所多し。中にも、富士(ふじ)山・金剛(こんごう)山・瀬戸(せと)内海は廣く世に知られたり。

<u>萬世</u>	上に萬世一系(けい)の天皇をいたゞき、九千萬の國民おのおのその業をはげむ。世界に國多しといへども、我が國のごときは他にあらざるなり。

[第七] 血染【ちぞめ】の日章【しょう】旗

支那
合
攻
最
丸
各
刀

明治三十二三年頃、北支那に暴（ぼう）徒が起って、今の北平（ペーピン）の列國公使館（かん）をかこみました。そこで我が國を始め列國の軍隊は聯（れん）合してこれにあたることになりました。

聯合軍は、北平へ乗りこむ目的（てき）で、太沽（タークー）の砲臺（ほうだい）に攻めかゝりました。英・獨（どく）・露（ろ）・佛（ふつ）、出るものも出るものも皆血みどろになってしりぞきます。最後に日本軍が出ることになりました。

一隊をひきゐた白石大尉（い）は「それっ。」といふなり、雨のやうな彈（だん）丸の中を勢するどく突（とっ）進しました。各國の軍隊がたゞあっけにとられて居る中に、大尉の一隊はまたゝく間にその砲臺を占領（せんりょう）してしまひました。まっさきに立った白石大尉は軍刀を打振（ふ）って、

　「萬歳（ざい）、萬歳。」

とさけびました。

士官 意	我が軍の次に居た某(ぼう)國軍がつゞいて砲臺によぢのぼりました。さうして一士官は用意してゐた自國の國旗を竿の先につけようとしてゐます。 目ざとくも之を見附けた白石大尉の顔色はたちまちかはりました。大尉は「旗、旗。」とさけびながら、あたりを見まはしたが、誰も國旗を持って居るものはありません。ぐづぐづして居ては、あたら部下を犬死させることになります。今は一刻(こく)の猶豫(ゆうよ)も出來ません。大尉は汗ににじんだハンケチを取出すが早いか、ぷつりと我が手の指を劍(けん)さきでつきさしました。とめどもなく血しほがしたゝります。その血しほでゑがいた日の丸の旗を軍刀の先へさし通して手早く揭(かゝ)げ、のども張りさけんばかりの大聲で、「萬歲。」とさけびました。我
兵 唱	が兵はみんな感きはまって、しきりに萬歲を唱へました。 列國の軍隊も我が軍に和して一せいに萬歲を唱へました。 血染の日章旗、これこそ我が大和魂(やまとだましひ)の結晶(けっしょう)であります。

[第八] 太陽

陽
球
倍

飛
機
畫

球
質

熱
温

聞
じう
草

突

寸

太陽はちょっと見ると小さいが、じっさいは地球の百三十萬倍もあって、地球を粟粒にたとへると、太陽は大きな夏蜜柑(みかん)にもあたります。あんなに小さく見えるのは、地球からひじょうに遠くはなれてゐるからで、太陽に達するには一時間に二百キロメートル飛ぶ飛行機で晝夜飛行しても、八十七年程かゝると言はれてゐます。

一體あの太陽は何でせう。あれはまっかにもえてゐる大きな火の球で、もえてゐる物質は地球を形づくってゐるのと同じ物であります。太陽の温度の高いことと、光の強いこととはとても想(そう)像がつきません。あんなに遠くから來る熱で私共は温さを感じます。又あんなに遠くから來る光で何から何まで見ることが出來ます。よくよく考へて見ると、私共人間を始め、地球上の禽獸(きんじう)が生きて行き、草木が生長するのも、皆太陽のおかげであります。もし太陽が突然なくなったとしたら、此の世の中はどんなになることでせう。それこそ一寸先も見えな

受
驚

いくらやみとなるばかりでなく、きびしい寒さがおそって來て、地球上の生物は皆死んでしまふでせう。これを思ふと今さらながら、私共が太陽から受けるおかげの大きいのに驚かないでは居られません。

【第九】短い手紙

一 桃を贈(おく)る文

叔父(をぢ)さん、大分暑くなりました。皆さんお變りはありませんか。これはうちの裏庭に出來た桃でございます。木は三年前に、おとうさんが内地から苗木を取りよせて栽培(さいばい)したもので、今年はじめて實がなりました。熟(じゅく)するまでには、おとうさんがずい分丹(たん)精をこめたものでございます。今朝はじめてもいでみました。おとうさんの申しつけで、少々ではございますが差(さし)上げます。どうぞ皆さんでおあがり下さい。

二 右返事

見事な水蜜(みっ)桃をたくさんお送り下さいましてまことにありがたうございました。厚くお禮申し上げます。果樹栽培に御經驗(けいけん)の深い伯父(をぢ)さんの御丹精だけあって、粒も見事だし、味もなかなかすぐれてゐて、このあたりの商店ではとても見られない品だと、おとうさんがおっしゃいまし

桃
文
變(変)

桃

果
深

店

た。私達もまことにおいしくいたゞきました。おかあさんからも、伯父さんや伯母(をば)さんによろしくとのことでございます。

三　農具を注文する文

麥刈(かり)用の鎌(かま)十ちょう、六月十日までに到(とう)着するやう注文致します。こちらではもうすぐ麥の刈入時になりますから、期日までに間に合はなければ、出來合の品でよろしうございます。代金は何時ものやうに引換郵便にしていたゞきます。

四　父の病狀を知らせる文

度々お見舞(まひ)下さいましてまことにありがたう存じます。

御心配をおかけしたおとうさんの病氣もおひおひよくなりまして、近頃では一人で床(とこ)の上に寢起も出來ますし、食事も大そう進んでまゐりました。醫(い)者からも、もう大丈夫だと申されてゐます。此の分では全快するのもさう遠くはあるまいと、家內中喜んで居ます。おかあさんに代り

まして、お禮かたがた最近の病狀をお知らせ申し
上げます。
　叔母(をば)さんや貞姫(ていき)さんにもよろしく
おつたへ下さいませ。

【第十】地中のたから物

勤	昔或所に勤勉な農夫があって、三人のむすこを持って居ました。病氣で死にさうになった時、枕もとに集って居る三人のむすこに、
枕	
遺埋掘	「お前達に遺すたから物は、皆うちの田畑の中に埋めてある。おとうさんが死んだ後で掘出すがよい。」
遺言	と遺言しました。
	むすこ達はたから物を見附けようと思って、田畑を掘始めました。どこを掘っても、たから物は出ません。むすこ達はそろそろ不安になり出しました。しかし遺言をうたがふことは出來ません。かうして掘って行く中には、何時か出て來るにちがひないと、來る日も來る日も掘りつゞけました。隅から隅まで掘返したが、
隅	
	たうとうたから物は出て來ません。むすこ達はがっかりして一時は何もする氣になれませんでした。ところが次の年になると、田畑の作物が何時もの年よりも大へんによく出來て、家の中には叺が山のやうに積まれました。
叺積	

むすこ達は此の叺の山を
じっと見上げました。心
の中は喜で一ぱいです。
やがて父の遺言が頭に浮
かび出ました。さうして
その意味がはっきりわか
りました。

【第十一】航海の話

航里	
	遠洋航海を終へて郷(きょう)里に歸り來れる太平丸の船長は、一日其の町の學校にまねかれて、航海の話をなせり。
	「私も子供の時には、毎日此の學校へ通って、皆さんと同じやうに、あの運動場で遊んだり、此の講(こう)堂でお話を聞いたり致しました。今日此のなつかしい學校に來て、皆さんにお話をするのは、何よりもうれしいのでございます。私は年中航海をしてゐるものですから、少し其のお話を致します。
員	皆さんは海を御存じでせう。汽船も軍艦(かん)も御存じでせう。私の乘ってゐる太平丸といふのは、長さが百三十メートル程もある汽船で、乘組人員だけでも百人からあります。
並	先づいかりをあげて港を出て行きますと、港に立並んでゐる人家は、だんだん小さくなって行きます。海岸の松原やいその小山も次第に遠く
次	なって、しまひにはもう何も見えなくなりま

潮

す。どちらを向いても青い水ばかりです。けれども日の出や日の入には、日光が波にうつって、水の色が金色になりますし、月夜には波が銀色に光って、其の美しいことは何とも言ひやうがありません。時には鯨（くぢら）が高く潮を吹いてゐるのを見ることがあります。何萬とも知れない

いるかが、はね上っては泳ぎ、はね上っては泳ぎして行くのを見ることもあります。又ある時にはとび魚が甲板（かんばん）の上へ飛上ることもあります。

風

外國の港に着くと、見なれない形の家が立並んでゐます。其所に住んで居る人は、私共とはちがった風をして、まるでちがった言葉で話をしてゐます。見るもの聞くものがすべて皆珍しいものばかりであります。」

船長はコップの水を一口飲みて、又其の話をつゞけたり。

「航海はかういふ面白いものですが、たまには恐しい目にもあひます。急に暴風雨が來ると、山のやうな波が立って、船は今にも沈むかと思ふやうになります。けれども船はなかなか沈むものではありません。又きりがかゝったり、大雪が降ったりして、一寸先も見えなくなることもあります。こんな時には、惡くすると淺瀬(あさせ)へ乘上げたり、外の船に衝突(しょうとつ)したりするやうなまちがひが出來ます。それゆゑたえず海の深さをはかったり、かねや汽笛を鳴らしたりします。深さをはかるのは淺瀬に乘上げないため、かねや汽笛を鳴らすのは、外の船に自分等の船の居ることを知らせて、衝突をさけるためであります。

一體船にはらしんぎといふ物があって、それで方角をとって進みますから、いくらきりが深くても、まるでちがった方へ行くやうなことはありま

暴雨

笛

せん。又夜はいくら暗くても、星が出てゐれば、それにたよって方角を知ることも出來るし、自分の船の居場所を知ることも出來ます。又海岸には所々に燈臺がありますから、それを見ると、あれは何所だといふことが分ります。此の星を見分けることや、燈臺の明りを知ることは、船に乗る者に取って、甚だ大切なことなのであります。」

船長はかくいひて後、一だん聲を張上げて、
「さておしまひに一つ言って置きたい事があります。それは我が國民にまだ海を恐れる人があるといふことで、これは實に殘念な事であります。ちょっと渡船に乗ってさへ、こはがる者があります。海の波を見たばかりで、もう恐しがる人もあります。こんなことでは、どうして海國の民とい

燈臺
（台）

甚

殘

民

はれま<u>せ</u>う。

皆さんのうちには、大きくなってから、商用其の他で、外國へ出かける人もありま<u>せ</u>う。漁（ぎょ）業や航海業に從事する人もありま<u>せ</u>う。どうか今から十分海になれて置く<u>や</u>うにしてもら<u>ひ</u>たいのであります。」

とむすびたる時は、拍（はく）手の音しばらくはやまざりき。かくて船長は外國より持歸りたる寫眞帖（ちょう）を學校に寄（き）附したり。

寫（写）
眞（真）

[第十二] 海のあなた

始めてのぼった塔(とう)の上、

高い高い塔の上。

塔の上からながむれば、

丘(をか)こえ野こえて青い海。

青い海には黄金(きん)の船、

ばら色の船、銀の船。

船のゆくてはどこであらう、

海のあなたは何であらう。

背(せ)のびすれどもはてがない、

青い青い海ばかり。

船のゆくてはどこであらう、

海のあなたは何であらう。

[第十三] 神風

武垣守

小

博多(ハカタ)ノ沖(オキ)ハ見渡ス限リ、元カラオシヨセタ船デオホハレタ。十何萬トイフ大軍デアル。

四國・九州ノ武士ハ博多ノ濱(ハマ)ニ集ッタ。元ノ兵ヲ一人モ上陸サセヌトイフ意氣ゴミデ、濱ベニ石垣ヲ築(キヅ)イテ守ッタ。

我ガ武士ハ敵ノ攻メヨセルノヲ待チキレズ、コチラカラオシヨセタ。敵ハ高イヤグラノアル大船、味方ハツリ舟ノヤウナ小舟デアッタ。ケレドモ我ガ武士ハ、船ノ大小ナドハ少シモ氣ニシナカッタ。草野次郎(クサノノジロウ)ノゴトキハ夜敵ノ船ニオシヨセテ、敵ヲ切リ、敵ノ船ニ火ヲカケテ引上ゲタ。敵ハ此の勢ニ恐レテ、鐵ノクサリデ船ヲツナギ合ハセタ。マルデ大キナ島ガ出來タヤウナモノデアル。

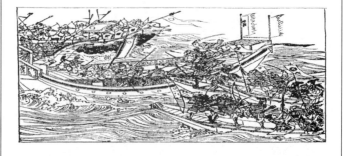

此ノ時河野通有(カウノノミチアリ)ハタッタ小舟ニソウデ向ッタ。敵ハハゲシク射(イ)立テタ。味方ハバタバタトタフレタ。通有モ左ノ肩ヲ射ラレタガ、少シモ屈セズ、刀ヲフルッテ進ンダ。イヨイヨオシヨセタガ、敵ノ船ハ高クテ上ルコトガ出來ナイ。通有ハ帆柱ヲタフシテ、之ヲハシゴニシテ、敵ノ船ヘヲドリコンダ。味方ハ後カラ後カラトツゞイタ。サンザンニ切リマクッテ、其ノ船ノ大將ヲ生ケドリニシテ引上ゲタ。其ノ後モ攻メヨセル者ガタエナカッタ。

敵ハ我ガ武士ノ武勇ニ恐レテ、一先ヅ沖ノ方ヘシリゾイタ。シカシ再ビオシヨセテ來ルノハ明ラカデアル。實ニ我ガ國ニトッテハ、コレマデニナイ大難(ナン)デアッタ。

恐多クモ龜(カメ)山上皇ハ、御身ヲモッテ國難ニ代ラウト、オイノリニナラレタ。武士トイフ武士ハ必死ノカクゴデ戰ッタ。百姓モ一生ケンメイデ、ヒョウロウヲ運ンダ。全ク上下ノ者ガ心ヲ一ニシテ、國難ニアタッタノデアル。

此ノ眞(マ)心ガ神ニ通ジタノデアラウ。一夜大暴風雨

ガ起ッテ、海ハワキカヘッタ。敵ノ船ハコッパミヂンニクダケタ。敵兵ハ海ノ底ニ沈ンデシマッテ、生キテカヘッタ者ハ數ヘル程シカナカッタ。

ソレカラコヽニ六百五十餘年、マダ一度モ外國カラ攻メラレタコトハナイ。

[第十四] 電報

報	「おとうさん、**電報**が**來**ました。」
	「どこからだ<u>ら</u>う。あけて**讀**んでごらん。」
	イツクルカヘンサイ
壞	「あゝ、<u>さ</u>うか。**平壤**の**叔父**(をぢ)さんからだ。」
	「おとうさん、ヘンとは何のことですか。」
	「**返事**を下さいとい<u>ふ</u>ことだ。**明日の朝八時の汽車**で
	立って行くから、一つ**返事**を書いてごらん。」
	アシタノアサハチジノキシャデタッテイキマス
信	「これでようございますか。」
	「それでは**長過**ぎる。**電報**は十五字までが一**音信**で、
料	それ**以上**は**字數**によって**料金**が**違**ふから、なるべく
違	**短**くする方がよい。もっとかんたんにしてごらん。」
	アスノアサハチジノキシャデタチマス
	「おとうさん、**出來**ました。」
	「それで何字になるか。」
	「十七字になります。」
	「**濁**(にごり)のある字は二字に**數**へるのだから、十九
漢	字になる。一から九までの**數字**は**漢字**で書いてよい
	のだし、**言葉**もそんなにていねいでなくてよいか
夫	ら、一**音信**になる<u>や</u>うに**工夫**してごらん。」

アスアサ八ジニタツ

「これではどうでせうか。」

「それでよろしい。この賴(らい)信紙に書いてごらん。」

電　報　賴　信　紙

送達通信過番號　　○　　　○

郵便切手及日附印	送信者 照校者／發信者	受付	監査	發信局	字數	種類	宛信局
		日時分 時分 指定					

控人 氏名 金仁植	發信居所 京城府孝子洞六十五番地	本文 アス・ア・サ・八・ジ・ニ・タツ	宛 局内心得	名 ヘイジョウ ダイドウモンドホリ一 サイメイキチ

●受信人에게通知할發信人의住所姓名은本文末尾에書홀事●

●受信人に知らすべき發信人の居所氏名は本文の終りに記くこと●

●濁點又は半濁點ある文字は下の字にかけること●

[第十五] 鴨綠【おうりょつ】江の鐵橋

鴨綠江には昔から橋をかけたことがなかった。明治四十二年に朝鮮鐵道管理(かんり)局が、鐵橋の工事に着手すると、其の成功を危ぶむ者が多かった。中には無謀(むぼう)だと笑ふ者さへあった。ところが三年後にはりっぱに出來上かった。之を見た人々は皆、目をみはって驚いた。

橋の長さが九百四十四メートル、中央(おう)に鐵道線路が通ってゐて、兩側に二メートル餘の歩道がある。中程が廻轉(てん)橋になってゐて、結氷(けっぴょう)期や風の強い日以外には日に三回開閉する。開けば十の字、閉ぢれば一の字になる。

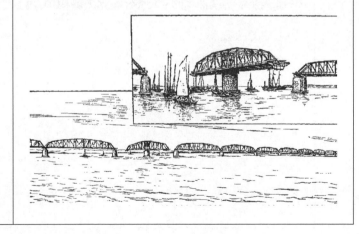

此の廻轉橋を開くには中央の穴に四本の挺子(てこ)を差(さ)しこんで、四人が同じ方向に押始める。すると、先ゴレールの兩端(たん)が上にあがる。次に支柱を中心にして橋の北端が西に、南端が東に向って、しづかに動き出す。重さ五百噸(とん)もある橋が、わづか四人の力で動いてゐるのを見ると、人間の工夫の偉(い)大なのに驚かされる。

橋の開くのを待って居た大型(がた)のジャンクや帆船は、つゞいて通過し始める。上り下りの船で、しばらくはにぎやかである。さすがに鴨綠江だ。

此の國境の大河に鐵橋がかゝってすでに二十年、北から南に、南から北に、此の橋を往き來した者は幾千萬人あるか知れない。思へば此の鐵橋の功は大きいものである。

【第十六】 蟬の衣【ころも】がへ

蟬 緣 腰
匹 幼
背 淺

昨日の朝、お緣に腰かけて、何氣なくお庭を見ると、かたい地面の一所が急にむくむくと動き出した。「何だらう。」と思ひながら、じっと見つめてゐると、やがてむっくり姿をあらはしたのは一匹の蟬の幼虫である。

どうするだらうと見てゐると、幼虫はしばらくあたりをはひまはってゐたが、程なくれんぎょうの木にはひ上り、一メートル程の所に止って、前脚(あし)の瓜でしっかりつかまった。私は木の根もとをゆすぶって見た。しかし幼虫のからだはびくとも動かなかった。

間もなく背中に縱(たて)のわれ目がさっと出來た。そのわれ目が次第に開いたかと思ふと、中から淺綠色のものが見え出した。それとほとんど同時に、そのわれ目は上下にのびて行った。それから頭部のおほひが横にさけて、赤い三つの眼(め)が見えて來た。これらのわれ目のためにむき出しになった綠色の部分は、見る見るふくれ上って、背中の眞(まん)中頃で、

殼

破

腹

高く持上り、殼の外へつき出て來る。其のつき出た部分がふくれたり、へこんだりしてゐたが、やがて、殼を破ってしまった。さうして頭部・口吻(くちばし)・前脚がつぎつぎに殼からぬけて、からだの上半部があらはれ出た。次に蟬は腹を上に向けて、水平にそりかへった。大きく口を開いた殼の下に、後脚としはくちゃの翅(はね)があらはれた。これで蟬のからだはほとんど自由になったわけだ。ただ腹の端(はし)だけが殼にくっついてゐる。ぬけ殼は相變らず枝にしっかりついてゐる。

今度はどうするかと見てゐると、蟬は殼にくっついてゐる腹部をさゝへとして、ぐっとひっくりかへった。すると、今までしはくちゃになってゐた翅がぴんと張りひろがった。次にほとんど目にも止らぬ早業(わざ)で起上って、前脚をぬけ殼の上にかけ、たうとう腹の端を殼から引きぬいてしまった。これで蟬は全く殼をぬいで、始めてりっぱな一匹の蟬になった。

穴からはひ出た時の幼虫と、殻をぬいだ今の蟬とは、別物のやうに見える。翅はしっとりとしめってゐて、ガラスのやうにすきとほり、うす緑色のからだは、さはればすぐにも破れさうに見える。

それから三時間ほどたって行って見ると、蟬はもと通り前脚の瓜でぬけ殻につかまってゐる。しかし何時の間にかあの緑色はこいとび色に變って、三時間前とは見違へるやうになってゐた。わづかの間に、變れば變るものだと不思議(ぎ)に思って見てゐると、蟬は音もたてず、さっと飛去った。

思

[第十七] 連絡船に乗った子の手紙

連絡 釜 勢 乗 調 互 振	おかあさん、汽車は今朝九時半、釜山の棧(さん)橋に着きました。汽車から下りた大勢の人々と一しょに長い列を作って德壽(とくじゅ)丸に乗りこみました。 空は晴渡って風も強くありません。私は甲板(かんぱん)に立って棧橋を見てゐました。乗客の荷物でせう、幾臺となく車で運んで來て積みこみました。見送の人が集りました。出帆のどらが鳴り出しました。汽笛が太くひゞき渡って、船はしづかに動き始めました。ちゃうど十時半です。スクルーのまはる音が聞えます。スクルーに調子がついて來ると、船の動くのがだんだん早くなります。見送る人、見送られる人、互に帽子やハンケチを振って、別を惜しんでゐます。船が港口に向って進むと、絶影(ぜつえい)島は私共の船を見送ってゐるやうでした。 釜山の港口は潮の流が急で、船がしばらくゆ

れました。風も少しは出て來ました。甲板の
涼しさは、陸に居ては全く想像がつきませ
ん。二時間ばかり進むと、右手に島が見えまし
た。おとうさんが「對馬(つしま)だ。」とおっしゃ
いました。

おとうさんと私がベンチに腰をかけて居ると、
乗合はせてゐた金をぢさんがおいでになって、
おとうさんに話しかけられました。「この德壽丸
と景福(けいふく)・昌慶(しょうけい)の三隻(せ
き)が新造された當時は、『おかげで關(かん)釜間
の連絡も八時間あまりに短縮(しゅく)されて便利
になった。』と喜んだものですが、この頃は飛行
機を利用すれば、わづか二時間足らずで内地に
渡ることが出來るさうです。」

「便利な世の中になったものです。將來はこゝも
　船で渡るのは貨物位で、旅客は皆飛行機を利用
　するやうになりませうね。」

「さうです。その時代の來るのも餘り遠くはあり
　ますまい。」なほしばらく話をつづけていらっ

しゃいましたが、その中に、をぢさんは「そろそろ玄界灘(げんかいなだ)にかゝります。少しおやすみになってはいかゞですか。」

と言って船室へお歸りになりました。

私は玄界灘を眠ってこしました。目がさめて甲板に出ると、おとうさんが右手の小さい島を指さして、「あれが沖(おき)の島だ。」とおっしゃいました。日本海々戰が始まったのはあの島の附近だなと思ひました。

中國や九州の山がかすかに見え始めました。往き來の汽船も三四隻見えてゐます。おとうさんが「昔朝鮮や支那の文明が此の海を渡って内地に流れこんだが、今は内地の文明が此の連絡船で朝鮮にはいるやうになった。」とおっしゃいました。

六時半下關(しものせき)に着いて、今、驛(えき)前の旅館(かん)に休んでゐます。九時五十分の汽車で大阪に向ひます。おかあさん、どうぞおからだを御大切になさいませ。さやうなら。

　　八月一日　　　　　　　　成一

　　　母上樣

（室眼戰）

[第十八] 夕立

あちらの山に
　　黒雲おこり、
ひらめくいなづま
　　　ぴかぴかぴか。
鳴り出すかみなり
　　　ごろごろごろ。
見る間に空は
　　暗くなる。

かけ行く人の
　　あとおっかけて、
吹來る風音
　　　さっさっさっ。
降出す夕立
　　　ぱらぱらぱら。
見る間に庭は
　　池となる。

かみなりやんで

　　　雨風はれて、

　　落(おち)來る白つゆ

　　　　はらはらはら。

　　鳴き出す夕蟬

　　　　みんみんみん。

　　見る間に虹は

　　　　消えて行く。

[第十九] 朝鮮牛

畜 性 故 役 耕 用 好 移	朝鮮ノ家畜ノ中ニテ、最モ重要ナルモノハ牛ナリ。 朝鮮牛ハ大テイ毛ノ色赤シ。體大ニシテ強健(ケン)ナリ。性質温順ニシテ辛抱(シンボウ)强シ。マタ粗(ソ)食ニタフ。故ニ使役ニ適(テキ)シ、飼養(シヨウ)スルコト容易(ヨウイ)ナリ。 朝鮮牛ハ多ク耕作ニ用ヒラル。北方ニテ二匹ソロヘテ使フモ面白シ。其ノ他、車ヲ引キ、荷物ヲオフナド其ノ用途甚ダ廣シ。又朝鮮牛ハ肉質良好ナレバ、肉用トシテモスグル。其ノ中最モ良キモノヲ平壤牛トス。年々朝鮮ヨリ役用・肉用トシテ内地ヘ移出セラルヽモノ五萬頭ヲコユトイフ。 朝鮮牛ハ品種良ク、朝鮮ノ氣候(コウ)・風土モ牛ニ適ス。今後一ソウ飼養ニ注意シ、改良ニ工夫セバ、サラニ優(ユウ)良ナルモノヲ産出スルニ至ラン。

【第二十】牛を買ふまで

貧
壯
健

常

勞

樂

込

望

安

私の家は片田舍(ゐなか)にあって、少しばかりの小作をして居ます。至って貧しいが、私は、父母が壯健でよく働いて下さるのと、私が强壯に生まれたのと、一人の妹のあることとを、常に幸福だと思って居ます。

一昨年の事です。父が田から歸って、「牛がなくてはなかなか苦勞だ。」とおっしゃいました。之を聞いた私は何とかして牛を買って、少しでも父に樂をさせたいと思ひました。其の後は毎朝早く起きて、一生けんめいに働いたが、まとまった金をつくる見込がたちません。これでは何時其の望が達せられることかと、自分でもたよりなく思って居ました。

たまたま畜産組合が養雞(ようけい)の獎勵(しょうれい)をしてゐて、望の者には改良種のひなを安く分けて下さるし、また卵も買上げて下さるといふことを聞きました。私は喜んでさっそく組合に申し出て、ひなを五羽いただいて來ました。

私は之を育てるのには、全く眞劍(けん)でした。病氣

幸

箇産

預

預
圓(円)

にならないやうに、猫にとられないやうに、朝夕ど
んなに注意したか知れません。幸によく育って、三
箇月の後には卵を産むやうになりました。私は其の
卵を五日目ごとに、組合に持って行って買上げても
らひ、お金は何時も金融(ゆう)組合に預けました。一
年足らずで、其の預金が二十圓になりました。私は
畜産組合におたのみして、よい小牛を一頭買ってい
たゞきました。それを私が連れて歸った時は、父も
母も大そう喜んで下さいました。

私はこれから力の限り働いて、せめて自分の家で作
るだけの田を持ちたいと思って居ます。

【第二十一】新しい國語

	或日永善(えいぜん)は父に向って、
	「おとうさん、温突(おんどる)は國語で何といひますか。」
	と尋ねました。父は笑ひながら、
	「温突は温突だ。」
	と答へました。
呑	永善は父の言葉がよく呑込めなかったので、
	「温突も國語ですか。」
	と聞きなほしました。父は
	「さうだ。新しく出來た國語だよ。」
	と言って、次のうやうに話して聞かせました。
	「國語には使はれなくなって行くものもあれば、新
	しく出來るものもある。新しい事がらが起った
異	り、異なった風俗や習慣がとり入れられたりする
俗	と、そこに新しい國語が出來る。温突・書堂・契
慣	(けい)などはそのよい例だ。」
例	永善はこれを聞いて、

「よくわかりました。さうすると、今、朝鮮で廣く
用ひられてゐる府・邑・面などもやはり國語なの
ですね。」
と聞きたゞしました。父はさらに、
「さうだ。よく氣がついた。道・府・邑・面を始め
田(でん)・畓(とう)・垈(たい)なども新しい國語だ。今
日若(も)しこれらを知らなかったら、日常生活に
も不便を生ずる。」
といって聞かせました。

若
常

【第二十二】稲の螟(めい)虫

私は今朝學校に行く途中、ふと道ばたの畚(とう)の中に稲の白穂を見つけた。すぐその莖を根もとから切取って、すっかりさいて見ると、根に近い所に二センチ餘の黄白色の虫が居た。その背には縦(たて)に五すぢの線があった。

その虫を學校に持って行って、先生にお尋ねした。先生は

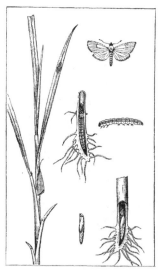

「それは螟虫といふ稲の害虫だ。くはしい事はこの本に書いてあるから歸って調べてごらん。」

と言って、一冊(さつ)の本を貸して下さった。

その本を調べて見ると、大體次のやうな事が書いてあった。

朝鮮における螟虫は二化螟虫といひ、一年に二回發生す。冬は幼虫のまゝ、稲株又は藁(わら)

莖

色

調

貸

株

の中にて過し。翌年の春に至りて蛹(さなぎ)となる。やがて蛹は小さき蛾(が)となり、五月頃より苗代(なはしろ)及び畓に來りて稲の葉に卵を産む。卵はおよそ十日の後かへりて幼虫となり、稲の莖に食入りて成長す。成長したる幼虫は再び蛹になり、八月に至りて第二回の蛾となり、卵を産附く。其の卵よりかへりたる幼虫は稲の髄(ずい)を食ひ、莖及び穂を枯れしむるに至る。螟虫の豫防(よぼう)・驅除(くじょ)には、白穂の莖をぬき取り、蛾を捕へ、又稲の葉に産附けたる卵を取りのぞくことを要す。

過

來

枯

捕

［第二十三］金の冠

冠
館(舘)
特

此の間、私は博物館にまゐりました。いろいろ珍しい物の中で特に金の冠が目立ちました。そのわき

に、「慶州瑞鳳塚出土(けいしうずいほうづかしゆつど)」と書いてありました。多分昔の王様のおかぶりになったものでせう。

私は其の後、金冠のことを時々思ひ出します。今でも、あの小さい曲玉のたくさんついてゐる金の冠を、はっきり思ひ浮かべることが出來ます。

あの金の冠をおかぶりになった王様は、どんな方でしたらう。着物は何をおめしになってゐたでせう。

劍

劍も金でかざり、靴(くつ)も玉でかざってあったでせう。乗物などはきっと金・銀・らでんなどでかざりたてたものだったでせう。

殿

其の王様のいらっしゃった御殿は、さぞ大きくてりっぱであったでせう。さうして新羅(しらぎ)の都は、さぞはなやかで美しいものであったでせう。

行	王樣が春の野や秋の山に、大勢のおともを連れてお出ましになる時は、どんなににぎやかだったでせう。其の行列はまぶしい程りっぱなものだったらうと思ひます。
關(関)係	いつか、先生から「曲玉の出る所は世界に内地と朝鮮しかない。」とうかゞひました。あの金の冠の曲玉を見た時、昔から朝鮮は内地と深い關係があったのだと思ひました。

［第二十四］ 金融〔ユウ〕組合ト契〔ケイ〕

共神 設定 情	金融組合ハ共同互助（ゴジョ）ノ精神ニヨッテ、金融ヲ便ニシ、經濟（ケイザイ）ノ發達ヲハカルタメニ、特ニ朝鮮ニ設ケラレタモノデ、組合員ハ一定ノ區域（クイキ）内ニ住ンデヰテ、一口以上ノ資（シ）金ヲ出シタ人デナケレバナラヌ。一口ノ金額（ガク）ハ土地ノ事情ニヨッテ十圓以上五十圓以内デ定メラレル。
保管 理	組合ノ業務ハ、組合員ニ農業又ハ商工業ノ發達ニ必要ナ資金ヲ貸付ケタリ、組合員ヤ其ノ他ノ人々カラ預金ヲ受入レタリ、又組合員ノ貨物ヲ保管スルノガ主ナモノデアル。組合長・理事ナドノ職（ショク）員ガコレヲ取扱（アツカ）ッテヰル。
法	組合員ガ組合カラ金ヲ借ル場合ハ、他カラ借ルヨリモ、利子ガ安ク、手數モカヽラナイシ、又ナシクヅシノ方法ナドモアッテ、マコトニ便利デアル。コレハ金融組合ガ共同ノ出資ヲ利用シテ家業ノ發展（テン）ヲハカルタメニ設ケラレタカラデアル。 組合員ハヨク組合ノ精神ヲ理解（カイ）シテ、苟（イヤ

論儉

シク)モコレニ副(ソ)ハヌ金ヲ借ラナイヤウニスルノ
ハ勿(モチ)論、常ニ勤儉力行シテ餘財ガ出來タラ組合
ニ預ケ入レ、組合ノ健全ナ發達ヲハカルヤウニ心ガ
ケナケレバナラナイ。

又昔カラ朝鮮ニハ、各地ニ契トイフモノガアル。
コレハ金融組合ノヤウナ一種ノ組合デ、洞(ドウ)契
・農契・牛契・貯蓄(チョチク)契ナドガアッテ、勸
(カン)業・貯蓄・共助ナドノ目的ヲ達スルタメニ、金
錢ヤ穀(コク)類ヲ出資スルノデアル。コノ契ハ金融及
ビ産業上ニ多クノ便益ヲアタヘルガ、經營(エイ)ヲア
ヤマルト弊(ヘイ)害ヲ生ズルカラ、契員ハ戒(イマシ)
メ合ッテ、契ノ健全ナ發達ヲハカラナケレバナラナ
イ。

生的益

近來各地ニリッパナ成績(セキ)ヲ擧(ア)ゲテヰル契ガ
次第ニ多クナッテ來タ。平安北道江界郡畜産金融契
ナドハソノヨイ例デアル。

郡

[第二十五] 鴨【おう】緑江の筏【いかだ】流し

緑森

鴨緑江上流の沿岸地方は一帯(たい)の大森林で、べにまつ・さあすん・からまつなどの大木が鬱蒼(うっそう)と茂ってゐる。鴨緑江材といふのは此の地方からきり出される木材のことで、きった木は筏に組んで、下流の新義(ぎ)州や安東に流す。これが有名な鴨緑江の筏流しである。

木は大てい夏から秋にかけてきり、冬の來るのを待って山出しをする。山出しとは、きった木を雪や氷の上を利用して地曳(ぢびき)・山落しの方法で適當の地に集め、さらに牛又は軌(き)道で谷川まで運び出すことである。

落適

峯

やがて國境にも春がおとづれる。まづ山々峯々の雪が消え始め、張りつめた川の氷がとけてそろそろ流れ出すと、これをせきとめて水をため、水があふれるのを

作

待ってせきを切る。すると川の中の木材は流の勢で一氣に下流に押流される。いはゆる鐵砲堰(てっぽうぜき)の作業だ。この鐵砲堰の作業が幾回となくくりかへされて、奥(おく)地からきり出された木材は鴨綠江の本流に運び出され、こゝで始めて筏に組まれる。

筏は、大きいのは長さおよそ四十メートル、幅は廣い所で二十メートルもあって、大てい二人の筏夫が乗込む。いよいよじゅんびがとゝのふのを待って、筏を乗出す。一人は前方で舵(かぢ)をとりながら櫂(かい)を使ひ、一人は後に居て竿を持って筏をあやつる。命とたのむは一ちょうの櫂、一本の竿。かくて蜒(えん)々八百キロメートルに餘る壮快な筏流しが始まるのである。

矢

見上げれば兩岸には絶壁(ぜっぺき)が屏風(びょうぶ)のやうにせまり、天にもとゞくかと思はれる大木のしげりは日光をさへぎって晝なほ暗い。しぶきをあげてごうごうと流れる急流を、筏は矢のやうに下る。流は右に折れまた左に曲る。たきもあればふち

もある。筏夫は一ちょうの櫂をたよりに、或時は激(げき)流岩をかむ急湍(たん)をしぶきをあびながら下り、或時は急流が絶壁にはゞまれて、ものすごくうずまく中を巧に乗切り、また或時は、さかまく奔流に押流されて、夕日の沈む頃、時には全く日が暮れてから、ようやく繋筏(けいばつ)所に着いて筏を岸につなぐ。

夏の夜は明けやすい。ごろりと寝たかと思ふと、早くも東の空がしらむ。筏夫は昨日の疲(つかれ)を休めるひまもなく、ふたゝび筏に乗る。

かくて波にもまれ、水にひたされ、うつり行く両岸の景色をながめるひまもなく、勞苦の日を重ねて下る中に、両岸は次第にひらけて、一面に茂る高粱(りょう)の向ふに人家の屋根が見えかくれし、岸を往き來する人を數へることも出來るやうになると、流はやうやくゆるやかになって來る。節面白い筏節が

ゆるやかに水の上を流れるのも此の時である。

中江鎮(ちん)を過ぎ、やがて滿浦(まんぽ)鎮に近づけば、河はいよいよ廣く、流はいよいよゆるやかになり、上り下りのジヤンクで河の上はにぎはふ。かくて山を出ておよそ二週間目には鴨緑江の鐵橋が見えはじめ、間もなくなつかしい新義州に着く。こゝで筏夫は久振に陸の人となるのである。

をはり

久

昭和八年三月二十二日翻刻印刷
昭和八年三月二十五日翻刻發行

普國七〇

定價金十五錢

著作權所有

著作兼發行者

京城府元町三丁目一番地

朝鮮總督府

翻刻發行者

京城府元町三丁目一番地

朝鮮書籍印刷株式會社

代表者　井上主計

發行所

京城府元町三丁目一番地

朝鮮書籍印刷株式會社

朝鮮總督府 編纂 第三期 (1930~1935)

普通學校國語讀本 卷八

第4學年 2學期

普通學校 國語讀本 卷八

朝鮮總督府

普通學校國語讀本 巻八
もくろく

[第一] 小猿

陛 遊	天皇陛下がまだ皇太子殿下でいらせられた頃、遠く ヨーロッパへ御外遊あそばされたことがございま す。
渡艦	その御渡航中、お召艦がシンガポールに寄(き)港した 時、在留邦(ざいりうほう)人の一人が一ぴきのかはい い小猿を獻(けん)上いたしました。殿下はことの外お 喜びあそばされて、晝は上甲板(かんぱん)につなぎ、 夜は中甲板に小屋をおいて、これをおかひになりま した。
逃	或日のことです。殿下が上甲板にお出ましになり ますと、一人の水兵が逃げまはる小猿を一しょう けんめいにおひまはしてゐます。殿下はほゝゑま せられながら、 　「どうしたのか。」
姿 正 敬 械	とお尋ねになりました。水兵は殿下の御姿を拜し、 姿勢を正して敬禮しました。さうして、 　「猿が機械のねぢをぬいて口に入れました。」

とお答へ申し上げました。殿下はかるくおうなづき
遊ばされて、角砂糖を持って來るやうにお命じにな
りました。

間もなく水兵は角砂糖を持って來て、うやうやしく
殿下にさし上げました。殿下が小猿をおまねきに
なって、その角砂糖をお與へになりますと、小遠は
すぐねぢをはき出してしまひました。殿下はそのね
ぢを水兵にお渡しになって、

「猿はこのやうなことが惡いとは知らないのだか
ら、無理にとらないで、かはりの物をやるやうに
せよ。」

と、ねんごろにおさとし遊ばされました。

砂糖

與

無

［第二］手紙

一 京城の妹から

兄(にい)さん、お變りはございませんか。こちらは
みんな丈夫で暮してをります。

毎日々々々よいお天氣がつゞきます。昨日、お父(とう)さ
んに汝矣島(じょいとう)の飛行場につれて行っていたゞ
きました。

「飛行機、飛行機。」と、お父さんが指さされる方を
見ると、とんぼのやうな機影が見えました。それが
だんだん大きくなるにつれて、プロペラの音も次第
にはげしくなって來ました。やがて、飛行機は頭の
上で大きくわをかいて、かるく着陸しました。

係の方が飛行機についていろいろ説明されてから、「飛
行機は今はもう實用の時期にはいって、この頃は各
便とも滿(まん)員です。飛行機は危險だなどと言ふ
人もありますが、それは飛行機を知らない人のこと
で、一度乗った人は、速力は早いし、乗心地はよい
し、旅行はこれにかぎると申されます。」とお話して
下さいました。

來週の日曜日はいよいよ學校の運動會です。今年も、

（左欄）影　係　危險　速

競走 練	百メートル競走に一着になりたいと、毎日元氣よく練習してをります。 　　　　　　　　　　　　　　　　さやうなら。 　　十月二日　　　　　　　　　　　　南順 　　兄上様
	二　東京の兄から 皆さんお達者ださうで何よりです。私も元氣ですから御安心下さい。
候 春 卒	東京もこの頃は一年中で一番よい時候です。夜が長くなったので勉強に精が出ます。來春はいよいよ卒業だから、しっかり勉強しようと思ってゐます。 日曜日や祭日には、私もよく遠足や旅行に出かけます。先週の日曜には日光へ行きました。「日光ををがまぬ中は結構(けっこう)と言ふな。」といふことは聞いてゐたが、東照宮(とうしょうぐう)のりっぱなのには實際(さい)おどろきました。有名な華嚴瀧(けごんのたき)も見ました。萬雷(らい)の一時に落ちるやうなひゞきをたてて落ちこむ光景は、實に壯觀でした。青くすんだ中禪寺湖(ちうぜんじこ)の水に、紅葉したあたりの山が影をうつしてゐる景色は、特に氣に入りました。
景 觀(観) 葉	

繪	日光の繪葉書を送りますからごらん下さい。
	十月九日　　　　　　　　　　　　　明吉
	南順樣

[第三] 野菊

野菊の花を見てゐると、

水の流れる音がする。

野菊の原のまん中に、

泉(いづみ)がわいてをりました。

野菊の花を見てゐると、

こほろぎのなく聲がする。

野菊の原の草の根に、

虫がかくれてすみました。

野菊の花を見てゐたら、
雲が通って行きました。
空に浮んで行く雲の、
影が花野に動きます。

虫と泉の聲のする、
野菊の原はしんとして、
雲が通った大空は、
いよいよ青くなりました。

[第四] 葉の幹

幹	ある山に一本の楓(かへで)の木がありました。もう長いこと其の山に生えてゐました。春になると美しい若葉を出し、秋になると見事に紅葉しました。 町から山へ遊びに行くもので、其の楓の木をほめないものはありませんでした。 「何といふよい楓の木だらう。」 大人も子供も、男も女もほめました。
爭 評判 險	或時、楓の幹と葉が爭をはじめました。 「こんなに評判になったのも、僕が幾年もの間、この險しい所にがまんして生長したからだ。この僕の姿を見たまへ。雪におされて折れさうになったこともあり、大雨に根を洗はれて、谷底におちはしまいかと心配したこともある。今、
躍 決	君達が躍ったりはねたり、笑ったり歌ったりすることが出來るのは、誰のおかげだと思ふ。決して僕の恩を忘れてはならないぞ。」 と、幹は葉に向って言ひました。 すると、枝一ぱいに茂ってゐる葉は言ひました。

刻

「それは一刻だって君の御思を忘れはしないさ。け
れども、僕等だって、た〻躍ったりはねたりばか
りしてゐるのではない。いくらかは君のためにも
なってゐるのだ。もし僕等がなかったら、君だっ
てさうして何時までも達者ではゐられまい。」

「それなら、君達は僕を守ってゐるといふのか。」

叫

と、幹は叫びました。

「まあ、そんなものだ。」

「ばかばかしい。君達が居なくても、僕は大丈夫生
きて行ける。」

と、幹はからだをふるはしておこりました。

ある日のことです。鍬をかついだ二人の男が崖(がけ)
の下に立ちました。二人は楓の木を仰ぎながら、

廻

「こゝからはとても上れない。あちらに廻って見
よう。」

と言ってゐました。

これを聞いた葉はびっくりしました。

「あんまり僕等が美しいので、とんだ事になってし
まった。」

と、葉は幹に言ひました。

「うぬぼれてはいけない。君達ぐらゐの葉はこの山にいくらでもある。人間は僕の姿を金にかへようと思ってゐるのだ。」

と、幹は言ひかへしました。

「僕等はこの山から何所へ行くのだらう。もう海を見ることも出來ない。平野を見下すことも出來ない。大變なことになった。」

と、葉は氣をもみはじめました。

「君達のことを僕が知るものか。人間は僕を大事にするだらう。若しいのも少しの間だ。すぐ何所かいゝ所に移して、僕の弱らないやうにするにちがひない。さうすると、また來年は新しい芽を出して、僕の威嚴(いげん)が一そう加はるのだ。」

と、幹は言ひました。

「それなら僕等はどうなるのか。」

と、多くの葉は泣聲を出して訴へたが、幹は答へませんでした。

「あゝ、此所まで上るといゝ景色だ。海が見える。」

と、先刻の男は言ひました。

識

二人の男は、つひに楓の木を掘取って、山を下りました。さうして、それを車に乗せて町へ向ひました。

「あゝ、水が飲みたい。あゝ、息苦しくなった。」
と、道々葉は訴へたが、幹はだまってゐました。

二人の男は、植木について知識がなかったと見えて、すっかり葉を弱らしてしまひました。夕方、幹は庭に植ゑられたが、葉はそれきり枯れてしまひました。

あくる年の春になっても、楓の木はたうとう芽を出しませんでした。

[第五] 落穂ひろひ

	「ぴり、ぴりっ」
圖(図)	先生の合圖の笛がなった。學校の前の植田農場で落穂ひろひがはじまったのだ。
散	三十人あまりの子供達は、廣いたんぼの中へくもの子のやうに一せいに散って行った。あるひは右に、あるひは左に、みな思ひ思ひの方向へ、腰をかゞめながら拾って行く。
	「一本みつけた。二本拾った。三本にぎって。」と歌ひながら拾ってゐる者もある。
刈	稻はもうすっかり刈取られて、ひろびろとしたたんぼには、切株がぎょうぎよくならんでゐる。落穂ひろひの小さなかげが次第にはなればなれになって行く。
	日はあたゝかで、すみきった空には雲一つない。渡り鳥のむれが向ふの山のいたゞきをかすめて飛んで行く。
首	突然「きゃっ。」といふ叫び聲がした。あたりの子供達は聲のする方へかけよった。大きな青大將がとぐろをまいて、かま首を持上げてゐる。

蛇

「ぴいひょろ、ぴいひょろ。」

高い空で、鳶(とび)が一羽わをゑがきながら下を見下してゐる。

「おい、鳶がこの蛇をねらってゐるのだよ」

と、一人が叫んだ。

子供達はまた四方に散って、落穂をひろひつゞけた。いつか日は西にかたむいて、學校のガラス窓がぎらぎら光ってゐる。しめった田の上に落穂ひろひの影がながながと動く。

やがて、

「落穂ひろひが

田にまだひとり、

かゞみかゞみて

あちこちあゆむ。」

と、誰かが歌ひ出した。すんだ聲が夕暮の空氣をふ
るはして、あたり一面にひろがって行く。
　「ぴり、ぴり、ぴりっ。」
終の合圖だ。子供達は拾ひためた落穗をくらべあひ
ながら、かごの方へよって來た。かごの落穗はみる
間に一ぱいになった。

[第六] 日の丸の旗

明治二十七八年戰役の時、石黒軍醫總監(そうかん)が明治天皇から、「戰地を一巡して來よ。」との仰をうけて朝鮮にわたり、兀浦(こっぽ)の兵站(たん)司(し)令部をおとづれた時のことである。

あかつきの風に夜はほのぼのと明けて、からりと晴れた空には一點の雲もない。今日は十一月三日、天長の佳(か)節である。

兵站司令官山縣(やまがた)少佐(さ)はこの日の正午に、司令部のうら山で、心をこめた天長節の祝宴(えん)を開いた。あつまる者將校以下軍夫まですべて八十餘人。一同定めの席につくや、山縣少佐はかたちを正して、

　　「閣下(かっか)、たゞ今から杯(さかづき)をあげて
　　　天皇陛下の萬歳を祝し奉りたいと存じます。どう
　　　ぞ御發聲を願ひます。」

と頼んだ。石黒總監は

　　「それはまことに結構(けっこう)です。こちらから
　　　願うてもいたしたい。」

醫(医)
巡
來

歳
奉
聲
頼

諾	とこゝろよく承諾した。
冷酒 起立	一同はなみなみと冷酒をついだ杯を手にして、肅（しゅく）然と起立した。この時、「お待ち下さい。お待ち下さい。」と言ふあわたゞしい聲が聞えた。一同はおどろいて聲のする方へふり向いた。一人の軍夫が日の丸の旗を持って、式場めがけてかけ上って來る。
	間もなく、國旗は軍夫の手から總監にさし出された。
汁 染	見ると、それは梅（うめ）干の汁で半紙のまん中に日の丸を染めたもので、その日の丸には、ところどころしその葉がついてゐた。
	總監ははるか東方に向ひ、日の丸の旗を打振って、
	「天皇陛下萬歳」
	とたからかに三唱した。全員は聲をはり上げてこれに和した。
奉答 覽	石黒軍醫總監は戰地から歸って、陛下に奉答したてまつった時、持歸った日の丸の旗を天覽にそなへた。陛下はじっとそれを御覽あそばされていらせられたが、やがて、おそれ多くも御兩眼に御涙をおうかべ遊ばされたと言ふことである。
眼 涙	

［第七］お月様のお話

ゆうべ、私はある家の中庭を照らして見ました。そこには、親鳥が一羽と、ひよこが七八羽居ました。

突然、物かげから一人の少女が出て來て、その雞のまはりをぐるぐるまはりはじめました。親鳥はびっくりして、「こけっ、こけっ。」と鳴きながら、ひよこを大きな羽の下にかくしてしまひました。そこへ父親が出て來ました。さうして娘のいたづらを叱りました。

私はそれきり其の事は忘れて、空を歩きつゞけました。今晩、またその中庭をのぞいて見ると、ひっそりとしづまりかへって、物音一つしません。

しばらくすると、ゆうべの少女が現れて、ぬき足で鳥小屋に近づきました。どうするかと息をころして見てゐると、少女は小屋のかけ金をはづして中にはいりました。ねてゐた親鳥はびっくりして、大きな聲で鳴きながら、小屋の中をかけまはりました。

私は壁のすき間からそれを見ながら、どうも仕方のないいたづら者だと思ってゐました。そこへまた父

雞

壁

親が出て來ました。さうしてゆうべよりもひどく叱りました。少女は顔をあげて私を見上げました。その大きい目は涙で光ってゐました。

「何をしてゐたのだ。」

と、父親にきかれて、少女は泣きながら、

「わたし、雞にゆうべのことをあやまりに來たのよ。」

と言ひました。

抱

父親は娘を抱上げて、何べんも何べんもその頭をなでました。私もあたり一面にあかるい光をそゝぎました。

[第八] きつゝき

日曜日の午後、俊東(しゅんとう)は兄の俊元と、村ざ
かひの山できのこを取つてゐた。松の梢(こずゑ)の上
にはすみ切つた空がひろがつてゐる。森の中はしんと
して物音一つしない。折々遠くで渡り鳥の聲がする。
ふと森の奥から、「こつこつ、こつこつ。」といふ音
が聞えて來た。二人は思はず立止つた。

「何の音でせう、兄(にい)さん。」

兄は弟の問には答へようともせず、その音に耳をか
たむけてゐた。

「俊東、あれはきつときつゝきが木をたゝく音だ
よ。」

「何所に居るのでせう。」

「一しよに探して見ようか。」

二人はしのび足で、森の奥へ進んで行つた。

「こつこつ、こつこつ。」

二人は足を止めて、顔を見合はせた。四五メートル
さきの大きなけやきの幹に、赤い頭のきつゝきがと
まつてゐる。不思議さうに見てゐた俊東が

「兄さん、あんなにまっすぐな幹にとまってゐて、
よくすべり落ちませんね。」

得

「あれがきつゝきの得意な藝(げい)で、ほかの鳥のま
ねの出來ないところだ。しかし、それには特別な仕

掛

掛がある。あの脚(あし)をごらん。あれは短いが
なかなか強い。その上、先の太い四本の指は、二

形

本は前に、二本は後に向いてゐて、その先に弓形の
丈夫な爪がついてゐる。」

鋭

「その鋭い爪を幹のざらざらしてゐる面にひっかけ
るのですね。仕掛はそれだけですか。」

「いや、まだある。」

俊東はしばらくきつゝきを見つめてゐた。やがて、

「あゝ、わかった。
尾をぴったり幹
にあててゐます
が、あれでから
だを支へてゐる

支

のではないでせ
うか。」

「よく考へた。あの尾はなかなかかたく出來てゐ
　るから、あゝして幹に突張ってゐると、らくに
　からだを支へる事が出來るのだ。」
きつゝきは幹の上を器用に上下しながら、しきりに
「こつこつ。」たゝいてゐる。
俊東は思ひ出したやうに、
　「兄さん、なぜきつゝきはくちばしであんなにこつ
　こつたゝくのですか。」
と尋ねた。
　「俊東、あれがあの鳥の大事な仕事だ。きつゝき
　は、木の中に居るかみきり虫やきくひ虫の幼虫を
　食べる鳥だから、それが居るかどうかを、あの音
　で聞分けるのださうだ。さうして、もし居ればす
　ぐ穴をあけて、舌をさしこんで中の虫を引出すの
　だ。」
　「舌で虫を引出すとはなかなか面白い。一體その舌
　はどんな風になってゐますか。」
　「きつゝきの舌は非常に細長くて、先にいくつも
　のかぎがある。そのかぎで中の幼虫を引出すの

だ。舌がこのやうに巧に出來てゐるばかりでなく、木の幹に穴をあけるくちばしがまた大そう丈夫に出來てゐる。それで、『きつゝきは時々遠い山奥に生えてゐる鐵の葉を探して、それでくちばしをとぐのだ。』などと、おとぎ話にでもあるやうなことを言ふ人もある。」

「兄さん、きつゝきは虫の外には何も食べませんか。」

「木の實も食べるさうだ。ことに、あをけらといふ種類のきつゝきは、虫よりも木の實の方を好んで食べるさうだ。」

「それでは、きつゝきは人間の役にもたつが、又害にもなるわけですね。」

「さうだ。けれども、森や林をあらす害虫をとてがらの方が多いので、此の鳥を『森の番人』といふ人もある。」

俊東はきつゝきの脚や舌が巧妙に出來てゐるのに、今さらながら感心した。

日はいつかかげって、森の中はひえびえとして來た。二人は山を出て家に向った。

[第九] 道路樹

私どもが此所に植ゑられたのは、皆さんがまだお生まれにならない時のことです。

當時の寫眞と今の寫眞とをくらべたら、誰でも驚くでせう。

私どもが植ゑられた頃のことです。或人が「これが育つだらうか。」と言ひました。又或人は「育つにしても何時の事だか知れない。」と言ひました。これを聞いた時の心細さは、たとへやうもありませんでした。

またその頃、私どもをむやみに引拔く人がありました。折ってむちにする人もありました。かう言ふいたづらには何より困りました。

拔

夢

二十年は夢の間に過ぎました。私どもは今一人前の道路樹として、りっぱに役目をつとめてをります。

私どもの根は道路の兩側をかためてゐます。それよりも、私どもが四季をりをりに姿をかへて、道行く人を慰めてゐることはたいしたものです。夏の私どものかげは涼しいでせう。雪の夕にも、私どもがかうしてをると心強いでせう。私どもはたゞ立ってゐるやうでも、なかなか重い役目をつとめてゐるのです。

私どもが二十年かうして育って來る間に、不思議なことには、此のあたりのはげ山に木を植ゑる人がだんだん多くなりました。それを私どものてがらだとは申しませんが、全く關係のない事とも思ひません。

私どもには恩人があります。それは二十年程前の此の道の知事です。其の方のおかげで、私どもの仲間が十三萬本も完全に育ってゐます。誰でも知事の不朽(きう)の事業だと言ってゐます。

季

慰

夕

完

[第十] 小包郵便の話

「玉姫(ぎょくき)さん、京城の叔母(をば)さんから、ご本と帽子をいたゞきましたよ。」

「どなたが持って來て下さいましたの。」

「小包郵便で送って來ました。」

「お母(かあ)さん、こんな品物でも郵便で送ることが出來るのですか。」

「出來ますとも。あなたはまだ小包郵便のことを知らないのですね。

遠方に居る人に品物をとゞけるのに、一々持って行っては大へん不便です。この不便をのぞくために設けられたのが小包郵便で、これを利用すれば、安い料金で安全に品物を送ることが出來ます。」

「お母さん、内地や満洲のやうな遠い所へでも送ることが、出來ますか。」

「はい、出來ます。たゞ遠い所へ送る小包郵便は、特に包装に注意しなければなりません。もし包装が不完全だと、取扱上に不便な上、時には配達不能の場合なども出來て、おたがひに困ることがあります。」

満(満)洲

包装
扱
能

藥(薬)	「どんな品物でも送れますか。」 「いゝえ。火薬のやうな危険な物は、小包郵便として取扱はないことになってゐます。」 「小包はどんなに重くてもかまひませんか。」
量 容 制限 厚	「六キログラムまでは送ることが出來ます。なほ重量のほかに容積にも制限があって、長さも幅も厚さもおのおの六十センチ以內のものに限られてゐます。」 「手紙のやうに、遠い所でも近い所でも、料金にちがひはありませんか。」
錢(銭)	「重さによって違ふ上、所によっても違ひます。たとへば五百グラムまでの料金は、朝鮮內では二十七錢ですが、朝鮮から內地や滿洲へ送るには四十二錢かゝります。」 「品物の中にお金を入れてもかまはないでせうか。」
絶 規則	「いゝえ。それは絶對にいけません。お金や手紙を小包の中に入れることは、郵便の規則でかたく禁(きん)じられてゐます。しかし、お金を送るには爲替(かわせ)といふ便利なものがあります。爲替については此の次にお話して上げませう。」

[第十一] 犬ころ

鈴
障

庭のすみで、先程からちゃらちゃらと鈴の音が聞える。障子をあけて見ると、小さな犬ころが二匹、上になり下になりしてじゃれてゐる。あまりかはいらしいので、僕はしばらくそれを見てゐた。すると其の中に、僕の見てゐるのに氣がついたと見えて、じゃれ合ふのを止めて、尾をふりながら、ちょこちょこやって來た。僕が庭へ下りて、かはるがはる頭をなでてやると、喜んで僕の手にとびついて、ぺろぺろとなめる。僕が緣側へ机を持出して、復習をはじめると、二匹ともくつぬぎに手をついて、ぎょうぎよく僕のすることを見てゐる。

ふと、垣根の外でちゃらちゃらと鈴の音が聞えた。二匹はいちもくさんにかけて行ったが、間もなくかはいらしいのを一匹つれて來た。仲間がふえたので、又一しきりじゃれ合ひをはじめた。

[第十二] 面事務所

技 堆肥	この間學校へ行く道で、高君が 「面事務所は何をする所だらう。」 と言出しました。 「いつだったか、技手の林さんが堆肥小屋を見てまはられた。」 と、朱君が言ひました。私は、ふと一學期に習った「税の話」が思ひうかんだので、 「税金も取扱ふよ。」 とつけ加へました。すると安君が
振興	「先頃の振興會で、面長さんが内地の農事視察(しさつ)談をされたさうだ。」 と言ひました。 學校に行ってから、其の事を先生に話しました。すると先生は「それでは今から面事務所について教へて上げよう。」とおっしゃって、次のやうにお話になりました。
納	「面事務所に、面長さんをはじめ書記や技手の居ることはすでに知ってゐませう。面事務所にはかういふ人達が居て、その面内の納税のほか、戸籍(こ

せき)・衛(えい)生・觀(かん)業・土木・警備(けいび)などの事務を取扱ってゐます。さうして、これ等の事務や事業に必要な費用は、面長さんが面協議會に相談した上定めることになってゐます。

近頃、面では農事の改良や副業の獎勵のために、いろいろの講演會・講習會を開いて、自力更生に骨折ってゐます。」

先生のお話がすんだ時、金君が

「先生、京城や平壤のやうな大きな都會にも、やはり面事務所がありますか。」

と尋ねました。先生は

「なかなかよい質問です。京城や平壤のやうな都會は面といはないで府といひ、その事務を取扱ふ役所を府廳(ちょう)といひます。また水原(すいげん)や慶州(けいしう)のやうな所は邑といひ、其所には邑事務所があって、邑內の事務を取扱ってゐます。邑の事務は面の事務とほとんど同じですが、府では邑・面の事務の外に教育のことを取扱って居ます。」

と說明して下さいました。

［第十三］奉天

驛(駅)

午前七時ニ京城驛ヲ發車スル急行列車ハ、夕方ノ五時ニハ國境ノ大鐵橋ヲ渡ッテ滿洲國ノ安東ニ着ク。汽車ハサラニ山又山ノ間ヲヌウテ、午後十時五十分ニ奉天驛ニ着ク。

街

諸居

奉天ハ滿洲國デ一二ヲ爭フ大都會デ、人口オヨソ四十萬、市街ハ城内・商埠(フ)地及ビ鐵道附屬(ゾク)地ノ三ツニ分レテヰル。城内ハ滿洲國人ノ町デ、商埠地ハ諸外國人ノタメニ開イタ居留(リウ)地、鐵道附屬地ハワガ國人ノ町デアル。

奉天驛ハ鐵道附屬地ニアル。汽車ノ發着ゴトニ、何百トイフタクサンノ馬車ヤ人力車ガ、四方カラ集リ四方ニ散ルサマハ、滿洲國デナクテハ見ラレナイ光景デアル。

放央煉瓦	驛前ノ廣場ヲ起點トシテ、三ツノ大通ガ放射(シャ)狀ニ通ジテヰル。中央ノ千代田通(チヨダドホリ)ハ目拔ノ町デ、赤煉瓦造ノ建物ガ軒ヲナラベテタッテヰル。コヽヲ東ヘ進ムト、右手ニ忠靈塔(チウレイトウ)ガ高クソビエテヰル。奉天會戰ヤ滿洲事變ノ戰死者ノ靈ヲマツッテヰルトコロダ。忠靈塔ヲ拜シテカラ、左ニ折レテ北ヘ進ムト大廣場ニ出ル。コノアタリニハ銀行・會社ヲハジメ學校・病院等ガタチナランデヰテ、スコブル壯麗デアル。
院麗	大廣場カラサラニ北ヘ進ムト商埠地ニ出ル。コヽニハ我ガ國ヲハジメ各國ノ領(リョウ)事館ガアル。
周圍(圍)壁	商埠地カラ東ヘ進ムト城內ニハイル。城內ハ高サ約(ヤク)十めーとる、周圍オヨソ二きろノ城壁ニカコマレテヰテ、四方ニ大小オノオノ二ツノ城門ガ設ケラレテヰル。小西門ト小東門ノ間ヲ四平街トイヒ、城內デ一番ニギヤカナ所デ、人馬ノ往來ガオルヤウデアル。清朝ノ古イ宮殿ハ城內ノ中央ニアッテ、ソノ附近ニハ各種ノ役所ガ多イ。
清異	城內ノ建物ハ多ク灰色ノ煉瓦造デアル。コレハ、ハジメテ滿洲國ニ遊ブモノノ目ニハ異樣ニウツル。

展

奉天ハ産業・交通ノ中心地デ、イマ非常ナ勢デ發展シテヰル。マタ附近ニハ清朝時代ノ舊跡(キウセキ)ガ多ク、中デモ東陵(トウリョウ)ト北陵ガ最モ知ラレテヰル。

［第十四］三寒四温

寒 凍 覺 初 零	朝鮮の冬には北西の風多し。此の風一度吹けば寒氣ことに甚だしくして、地上の氷少しもとけず、道行く牛のよだれすら凍るを見る。 かゝる天氣二三日つゞけば、北西の風おとろへてぬくみを感ず。空には雲あらはれ、氣温次第にのぼる。此の時、南の風吹けば、海上のぬくき空氣地上をおほひ、春かと思ふあたゝかさを覺ゆ。やがて雨となり、あるひは雪となることあり。ふたゝび空すみ渡れば、また北西の風強くなりて、寒き日來る。 かくて寒き日二三日つゞけば天氣うつりかはりて、ぬくき日三四日つゞく。三寒四温の名これによりて起りたるなるべし。されど寒き日は三日と定まれるにあらず、ぬくき日は四日と限らざるなり。 京城にては十月の初、すでに三寒四温を感ず。十一月十二月をへて、一月に入れば零下二十度近くの寒さに至ることあり。されど寒温の變化あるが故にしのぎやすし。

[第十五] 李坦之【りたんし】

退 築 備 果 攻 名殘	今から八百年あまり昔、高麗(こうらい)と女眞(じょしん)が咸興(かんこう)平野で戰ったことがあった。 大將尹瓘(いんかん)が用ひられるやうになってから、高麗は大いに女眞を破り、これを北方へうち退けた。さうして咸興の北から西へかけて、九つの城を築いて、敵の來襲(しう)に備へた。 翌年、果して女眞は大軍をひきゐておしよせ、急に雄州城(ゆうしうじょう)をかこんだ。 雄州城は九城の中一番東にあって、他城との連絡が不便なために、全く孤(こ)立の姿となった。敵の攻擊(げき)は日にましはげしくなる。しかし、味方の援(えん)兵は何時くるかわからない。雄州城の運命は刻々あやふくなるばかりであった。 この時、城內に李延厚(りえんこう)といふ部將が居った。ふとした病氣が次第におもって、今は本復の見込もないほどになった。延厚はこの世の名殘に、たゞ一目わが子の坦之にあひたいと、そればかり思ひつゞけてゐた。

開城にさびしく暮してゐた坦之は、父の病氣のこと
は夢にも知らなかった。しかし、風のたよりに雄州
城があやふいと聞いてから、心配のあまり夜もろく
ろくねむれなかった。

坦之はつひに意を決して、咸興さして開城をたっ
た。はるばる定平にたどりついた時、坦之ははじめ
て父の病氣のことを聞いた。彼のなげきはいかばかり
であったであらう。今は一刻の猶豫(ゆうよ)もならな
い。たゞちに船で西湖津(せいこしん)に向った。坦之
はへさきに立ち、行手の空を眺めては、父の身の上を
案じた。おそい船脚(あし)に坦之の心はいらだった。

彼

眺

夢

いよいよ船が西湖津に着いた。坦之はさびしい山道
を夜の中にこした。父をきづかふ一心で夢中であっ
た。幸に敵に見とがめられないで、やうやう城門に
たどりついた。坦之はみちびかれて父に對面した。
父は夢かとばかりよろこんだ。

しばらくして父は

　「坦之、生前お前にあふことが出來て、もはや此の
　　世に思ひ殘すことはない。」

と言ひ、やせおとろへた手をさしのべて、坦之の手
を握りしめた。

坦之は旅のつかれも忘れて父を介（かい）抱した。父
は、張切ってゐた心が一時にゆるんだのだらう、ま
心こめたわが子の介抱のかひもなく、その夜つひに
なくなった。

坦之は、悲しみの中に夜のふけるのを待って父の死
體を火葬（そう）にし、遺骨をたづさへて城を出た。そ
れから、ふたゝび敵のかこみをくゞりぬけて、無事
に故郷に歸った。

坦之はたづさへ歸った父の遺骨を厚くはうむった。
近隣の人達は勿（もち）論、つたへ聞いた人々も、孝子
の誠が天に通じたのだといって、けなげな坦之の行
をほめた。

握
抱

遺骨
無
故郷

隣
誠
行

[第十六] 新浦【しんぽ】の明太魚りょう

明太魚

然
漁
艘

沖
卵

咸鏡南道(かんきょうなんどう)の新浦は明太魚りょうで名高い所である。前に馬養島(ばようどう)をひかへて、天然の良港であるから、明太魚のりょう期には、漁船が二三百艘も出入してすこぶるにぎはしい。

明太魚りょうは九月十月の頃、南、江原道(こうげんとう)の近海からはじまり、次第に北へ移って、二三月の頃、咸鏡北道に及ぶのである。その中、十二月から一二月にかけて、馬養島の沖合にとれる明太魚が最もよいとされてゐる。それは産卵期だからである。

威

腸

忙

明太魚のりょう期に新浦へ行って見ると、新浦は明太魚でうづまってゐる。家と家との間、廣場といふ廣場には、高く棚をこしらへて、それに一ぱい明太魚をほしてゐる。きけば此の地では、一年間の生活費をこの三月にとりあげるといふことである。どれほど多くとれるかはこれでもわかる。

漁船は大てい網を積んで出かける。漁場に着くと、前に入れておいた網をあげて、積んで行った網を入れて歸る。大りょうの時は赤い旗を立てて、ふなうたをうたひながら威勢よく歸って來る。

漁船が棧(さん)橋に着くと、待ちかまへてゐた陸の人は、すぐに魚を運び出す。それから、魚の腹をさいて腸を去り卵をとる、明太魚を洗って棚にかける、目もまはるやうな忙しさである。

止

漁船の歸って來た時が朝であっても、夜中であっても、棚にかけてしまふまで、決して作業を中止することはない。零下二十幾度といふ寒さの中でも、びくともしないこの作業ぶりは、實に勇ましいものである。

群

朝鮮で年中の食膳(ぜん)をにぎはす明太魚は、この馬養島の沖にあつまる明太魚の群の何分の一か、何十分の一かにすぎないといふことである。

【第十七】呉鳳【ごほう】

灣(湾) 供	もと臺灣の蕃(ばん)人には、お祭に人の首を取って供へる風がありましたが、阿里山(ありさん)の蕃人にだけは、此の悪い風が早くから止みました。これは呉鳳といふ人のおかげだと申します。
惡	呉鳳は今から二百年程前の人で、阿里山の役人でした。大そう蕃人をかはいがりましたので、蕃人からは親のやうにしたはれました。呉鳳は役人になった時から、どうかして首取の惡風を止めさせたいものだと思ひました。ちょうど蕃人が、其の前の年に取った首が四十あまり有りましたので、それをしまって置かせて、其の後のお祭には、毎年その首を一つづつ供へさせました。
殺 説	四十餘年はいつの間にか過ぎて、もう供へる首がなくなりました。そこで、蕃人どもが呉鳳に首取の許を願ひ出ました。呉鳳は、お祭のために人を殺すのはよくないと言ふことを説聞かせて、もう一年、もう一年とのばさせてゐました。ところが四年目になると、 「もう、どうしても待ってゐられません。」

といって來ました。吳鳳は

「それ程首がほしいなら、明日の晝頃、赤い帽子を
　　かぶって、赤い着物を着て、此所を通る者の首を
　　取れ。」

といひました。

翌日、蕃人どもが役所の近くに集ってゐますと、果し
て、赤い帽子をかぶって赤い着物を着た人が來まし
た。待ちかまへてゐた蕃人どもは、すぐに其の人を殺
して、首を取りました。見ると、それは吳鳳の首でご
ざいました。蕃人どもは聲を上げて泣きました。

さて蕃人どもは、吳鳳を神にまつって、其の前で此
の後は決して人の首を取らぬとちかひました。さう
して、其の後もこのちかひをかたく守ってゐます。

[第十八] 海の初日

板

海の初日が
今のぼる。
海に
ぎらぎら
今のぼる。

金板ならべて金の橋、
銀板ならべて銀の橋、
金銀橋の日の王子
銀のお馬に金のむち。

海の初日が
今のぼる。
海に
ぎらぎら
今のぼる。

[第十九] 平壌

歴史	平壌は箕子(きし)以來ながき歴史を有し、人口およそ十五萬、西鮮第一の都會なり。
	市街は大同江西岸の丘陵(きうりょう)地にあり。江岸にそびゆる錦繡山(きんしうざん)一帶(たい)の地には牡丹臺(ぼたんだい)・乙密臺(おつみつだい)・玄武門(げんぶもん)・浮碧樓(ふへきろう)及び練光亭(れんこうてい)等の名所舊跡多く、いづれも風光の美をもって世に知らる。中にも、脚下に洋々たる大同江の流を見、眼
舊(旧)跡美脚原眺望	前に一眸(ぼう)千里の大平原をのぞむ牡丹臺上の眺望は、實に雄(ゆう)大にして、眞に天下の壯觀なり。

平壌はまた地の利に惠まれて、工業はなはだ盛なり。附近に寺洞(じどう)炭田ありて、多く石炭を産するをもって、工業次第に發達し、發電・製糖その他各種の大工場設けられ、砂糖・煙草・ゴム靴・靴下等の産額すこぶる多し。

大同江流域(いき)の平野に産する農産物は、多くこの地において集散せらる。故に商業大いにふるひ、一年の總(そう)輸移出入高二千萬圓に及ぶといふ。ことに、西に鎮南浦(ちんなんぼ)の良港をひかふるをもって、將來、北支那及び滿洲國との取引さかゆるにいたらば、平壌の商業はさらに活氣を呈(てい)するに至らん。

平壌は水陸の交通すこぶる便なり。京義線(けいぎせん)によれば、京城及び國境にはおのおの五時間餘にして達するを得べく、近く平元線も開通せんとす。大同江もまた舟運の便よくひらけ、牡丹臺の對岸には大飛行場ありて、内・鮮・滿をつなぐ航空の要路にあたる。

惠
炭
製
煙草
靴
額

集散
輸入

得
舟

【第二十】扇の的

的

招

射

屋島の戰に源氏(げんじ)は陸、平家(へいけ)は海で向ひあってゐた時、平家方から舟を一艘こぎ出しました。見ればへさきに長い竿を立てて、其の竿の先には、日の丸の扇がつけてあります。一人の官女がその下に立って招いてゐます。竿の先の扇を射よといふのでせう。

舟は波にゆられて、上ったり下ったりします。扇は風にふかれてゆらゆらゆれてゐます。いくら弓の名人でも、これを一矢で射落すことはなかなかむづかしさうです。

源氏の大將義經(よしつね)は家來に向って、

「誰かあの扇を射落す者はないか。」

と尋ねました。そばに居た家來が

「那須與一(なすのよいち)と申す者がございます。空を飛んでゐる鳥でも、三羽ねらへば二羽はきっと射落すほどの上手でございます。」

「さらば與一を呼べ。」

と、義經はすぐに言ひつけました。

やがて、よろひ・かぶとで身をかためた與一が、義經の前にかしこまりました。義經は

「あの扇を射よ。射そこなっては源氏の恥だぞ。」

ときびしく命じました。仰をうけた與一は辭退しようとしたが、そばに居た人々が

「味方の大事だ。日が暮れない中に、早く早く。」

とせきたてます。與一は心の中で、もしこれを射そこなったら生きては居まいと覺悟をきめて、薄(うす)紅の鉢巻をしめ、馬にまたがって、扇の方へ打向ひました。馬の乗り樣、弓のとり方、そのあっぱれな若武者ぶりを眺めて、味方の人人は心たのもしく見送りました。

見渡せばはるか沖には、平家の軍勢が數百艘の兵船をならべて眺めてゐます。後の陸では、味方の軍勢が馬をならべ、手に汗にぎって見てゐます。與一はおのづと身のひきしまるのを覺えました。

與一は馬を海に乗入れ、弓を取りなほして扇を見ました。折からの夕風に、舟はゆらゆらゆれて的が定まりません。與一は目をふさぎ心をしづめて、

辭(辞)退

覺悟

紅

武

給
祈

難

「願はくばあの扇をしづめ給へ。」

と、神に祈りました。目を開くと、不思議にも扇は少しおちついて見えます。與一は

「あゝ、有難い。神のお助だ。」

と、弓に矢をつがへ、扇のかなめをねらって、ひょうと射放しました。

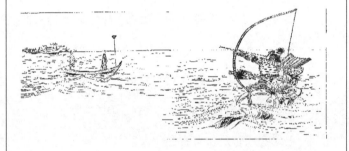

矢音は海一ぱいにひゞき渡って、見事かなめを射切りました。射切られた扇は空高くまひ上り、ひらひらと二三度まはって、さっと海の上に落ちました。

陸の方では、大將義經をはじめ味方の軍勢が「あっぱれ、あっぱれ。」と一せいに馬のくらをたたいて喜びました。平家方もふなばたをたゝいて一度にどっとほめたので、しばらくは陸も海もわきかへるやうなさわぎでした。

【第二十一】娘々廟【ろうろうびょう】

昔、一人の若者が塩を積んだ荷馬車をひいて、營口（えいこう）から大石橋さしてやって來ました。途中まで來ると、三人の娘が、さも疲れたやうな足どりで歩いてゐます。若者が追ひつくと、三人は言合はしたやうに振向きました。その美しいことは、まるで牡丹（ぼたん）の花が一時に咲きそろったやうでした。若者は車をとめて、

「もしもし、あなた方は大そうお疲れのやうですが、どこまでいらっしゃるのですか。」

と尋ねました。すると一人の娘が

「これから大石橋まで行かなくてはならないのです。」

と答へました。外の一人は

「すっかり歩き疲れてしまひました。」

といひながら、草の上にすわりました。

「あゝ、さうですか。私もこれから大石橋へ行くのですが、もしよかったら、此の車にお乗りになりませんか。」

「すみませんが乗せていたゞきませう。」

「こんな塩を積んだ車ですから、よごれてはゐる

　し、ずいぶんがたがたしますが。」

「いゝえ、かまひません。お乗せ下さい。」

若者は塩のはいった袋を一方によせて、

　「さあ、どうぞ。」

とすゝめました。三人は喜んで車に乗りました。若

者は元氣よくむちを鳴らしました。馬は急に車が

重くなったので、汗を流してひきました。往來の

人は、この不思議な馬車をふりかへりふりかへり

見送りました。

いく度か、うねりうねった赤土道を曲って、廣い野

原を通りすぎ、やうやく大石橋に近い山のふもとま

で來ました。すると、突然車がとまって、少しも動

かなくなりました。おどろいた若者は、力を入れて

車をおしたが、車はちっとも動きません。赤い夕日

が彼方の野末にかくれようとしてゐます。若者は氣

が氣でありません。どうかして車を動かさうと、一

しょうけんめいになりましたが、車はやはり動きま

せんでした。一人の娘が

彼方

「よろしうございます。こゝで下りませう。」
といふと、外の二人も
「こゝで結構(けっこう)です。」
と言って、三人とも車を下りました。一人の娘が
「これはほんのわづかですが、お禮のしるしです。」
と言って、若者に布を三疋(びき)むりに手渡しました。
やがて、三人の娘はつれだってかたはらの山に上り
はじめました。その上り方の早いこと、とても人間
の足とは思はれません。山のいただきに近づくと、
三人はそこに行儀よくすわって、お祈をはじめまし
た。するとどうでせう、三人の姿に後光がさ
し、それがまばゆいばかりの光となって、あたりを
照らしました。若者は思はず地にひれふし、兩手を
合はせて拜みました。

儀

拜

音樂	どこからともなくおごそかな**音樂**がひゞいて**來**ます。**頭**を上げると、今しも三人の**娘**は美しい**雲**に乗って、**空**にまひ上って行くところです。あまりの**不思議**さに**我**を**忘**れて見つめてゐた**若者**は、一散に近くの**村**をめがけてかけ出しました。
我	**若者**の話で、**村**の**人達**はみんな**集**って來ました。しかし、其の時はもう**娘達**の**姿**は見えませんでした。
	その後、村の人達は三人の娘がお**祈**した**場所**に三つの**廟**をたてて、毎年お**祭**をすることにしました。其の山を**迷鎭山**(めいちんざん)といひ、廟を**娘々廟**と言ひます。

［第二十二］日本海

領

私は地圖を見ることが好きです。我が國の地圖を見て
ゐると、日本海はなかなか面白い海だと思はれます。
間宮・宗谷（そうや）・津輕（つがる）・朝鮮・對馬
（つしま）の五海峽（きょう）をふさいだら、日本海
はまるで池です。そのまはりの陸地で、シベリヤ
と樺太（からふと）の一部をのぞけば、他はすべて
我が國の領土です。そのためか、私には日本海が
自分の物のやうに思はれます。

朝鮮の地形を見ると、西が表で、日本海沿岸は裏で
す。本州も日本海沿岸地方を裏日本といひます。どう
みても、日本海は日本の國の裏庭の大きな池です。

暖 住 暖 接 巨 収	この裏庭の池に潮の流が二つあります。それは南、對馬海峽から來て、裏日本にそって宗谷海峽に向ふものと、北、間宮海峽から來て、朝鮮の東海岸を洗って朝鮮海峽に向ふものとです。南から來るものは暖く、北から來るものは冷たい。それで、裏日本が朝鮮の東海岸地方にくらべて暖いのです。 交通の不便な大昔でも、此の潮の流に運ばれて、内地と朝鮮との間に、おたがひに移住したり、往來したりしたのだらうと思ひます。 すべて寒流と暖流とが接する海には、水産物の種類が多いさうです。鰮(いわし)・鰊(にしん)・明太魚・鯖(さば)・鰆(さはら)・鰤(ぶり)・鯨(くぢら)等は日本海のおもな産物で、これがために巨額の收益があるといふことです。

【第二十三】種子の散布

布

眞

熟

植物はいろいろの方法で種子を散布する。

眞夏の日ざかりに、庭のすみでまっかに咲くほうせ
ん花は、實が熟すると果皮は自然に破れて、内部の
種子をはじき出す。かたばみ・げんのしょうこもこ
れと同じ方法で種子を散布する。

瓜

一寸

面白いのは鐵砲(ぽう)瓜である。この瓜は、熟するに
つれて果實の内部に多量の水漿(しょう)を生じ、何か
が一寸さはっても、ビールやサイダーの栓(せん)を拔
いた時のやうに、内部の水漿が勢よく飛出して種子
を四方にまきちらす。鐵砲瓜と呼ばれるのはこのた
めである。

柳 任	ある種の植物は、風や水の力によって種子を散布する。 春の野原に飛ぶたんぽゝのわた毛、五月の空に時ならぬ吹雪(ふゞき)を散らす柳のわた、これらは氣まぐれに空中を飛びまはってゐるのではなく、種子の散布といふ大任を果しつゝあるのだ。 また楓(かへで)・松などの種子は、輕い羽にのって風のまにまに四方に飛散り、思ひ思ひの場所に腰を下して、やがて來る春を待つ。 宮﨑縣(みやざきけん)に青島といふ周圍二キロにも足らない小さな島がある。この島は熱帶(たい)植物で有名であるが、ことに、全島、棕櫚(しゅろ)に似(に)た、びろうの密(みつ)林におほはれてゐる光景は、人の目を驚かすに十分である。
繁茂	この九州東海岸の一小島に、どうして熱帶植物が繁茂するに至ったのであらうか。ある植物學者は、遠い熱帶地方に生じた植物の種子が海流に乗って、はるばるわが九州の東海岸にたどりつき、こゝに根をはったものだと説明してゐる。

彼	夏のはじめ、野菊に似た白いかはいらしい花をつける
	てつどう草はアメリカの原産で、明治になって彼の國
	との交通がひらけてから、種子が荷物などについて渡
	來したものである。これをてつどう草と呼ぶのは、鐵
	道にそって各地にひろまったからであらう。
	この外、ゐのこづち・にんじんのやうに果皮の
表	表面にある刺(とげ)で、人間や動物のからだに附着
苹果	して方々に運ばれるもの、苹果や柿のやうに人間や
	動物に食べられて、種子散布の目的をとげるものな
	どもある。
未	苹果・柿などの食用果實は、未熟の間はしぶくて
	とても口にすることは出來ない。しかし、一たん
甘	熟すれば澁(しぶ)味や酸(さん)味は一變して甘味
	となり、その上、美しい色つやを出して動物の目
	をひく。また、かの椰子(やし)の實のやうな水流
	に運ばれるものは、果皮がかたく、大きさの割
輕	(わり)に輕くて浮きやすい。形が圓形あるひは楕
	(だ)圓形なのは、ころがりやすいためである。
	一本の木、一莖の草にも、かくも巧妙な種子散布の
	方法がそなはってゐることを思ふ時、目に見えない
	大きな力に、自然と頭がさがる。

[第二十四] 石窟庵[せっくつあん]

坂 頂 認 崗 坐	佛國寺(ぶっこくじ)をたって、吐含山(とがんざん)の急坂をのぼること二キロあまり、頂上に達した時、曙(しょ)光が東の空を紅にそめてゐた。日本海の水面はまだ暗い。二百メートルばかり下って石窟庵に着いた。入口の佛像はわづかに見えるが、窟內は暗くて、何物も認めることが出來ない。 しばらくすると、次第に夜が明けて行く。窟內にまづ姿をあらはしたのは、花崗岩をきざんだ釋迦(しゃか)の大きな坐像である。若々しい顏に朝の光をあびてゐる美しさ、たっとさには頭が下った。窟內にすゝむと、まはりの壁面に、これも花崗岩にうきぼ 

彫

柔

膝頭

りにされてゐる菩薩(ぼさつ)や羅漢(らかん)の像がだんだん見えて來た。いづれもすぐれてりっぱな彫刻で、自然と我が身がひきつけられるやうに感じた。

ことに、釋迦像の眞うしろの觀世音(かんぜおん)の柔和な顔には、全く見とれてしまった。右から眺めた時は、もしや話をされはしないかと思った。

窟内の諸佛像をくはしく見て、釋迦像の前にかへると、朝日の光は坐像をすっかり照らしてゐた。どう見ても冷たい石像とは思はれない。私は手をさしのべて、膝頭においてゐる此の像の右手の指にふれてみた。

傳

新羅

私は佛像をみて、これほどなつかしく感じたことはなく、又この三十幾體の石像に接した時ほどよい感じを持ったことはなかった。こんなりっぱな彫刻を殘した人の名が傳はってゐないのは、まことに惜しいことだ。千二百年の昔に、これほどの美術をもってゐた新羅の文化は、たしかに進歩してゐたものであったにちがひない。

いろいろな事を考へながら藥水のほとりに出た。春の日は日本海をあまねく照らして、二三の白帆と五六艘の漁船が見えてゐた。

[第二十五] 納税美談

洞 戸 落 績 痛 義	納期の近づくにつれて、春植の父の顔には心配の色がまして來た。たづねて來る洞の人にも元氣がなかった。 この一新洞は戸數四十あまり、どの家もわづかの小作で、ほそぼそと暮しをたててゐるまづしい部落である。それで納税の成績はいたってわるく、納期の度に、面から五回六回の督促(とくそく)をうけないことはなかった。 春植はこの有樣に小さい胸を痛めた。父をはじめ洞の者が、税金をとゞこほりなく納めるよい工夫はないものかと、日夜考へつゞけた。 ある日、つひに意を決した春植は部落の子供をのこらず集めた。さうして、 　「納期の近づいた此の頃、僕等の親達はどんなに心配してゐられるだらう。納税は國民の大切な義務で、これをおこたるのは、國民として此の上もない恥だ。一つおたがひの力で親達を助けて、納税の義務をりっぱに果すやうにしようではないか。」 と相談した。

春植の熱心は一同の小さい心を動かした。しかし子供の悲しさ、いよいよ實行となると、これと言ふよい方法が思ひうかばないので、はたと困った。

けれども、春植の決心は少しもにぶらなかった。彼は主だった二三人の友達と相談をつゞけて、たうとう次のやうな實行方法を定めた。

　　一、めいめいの力でまぶし・わらぢなどをつくって、その賣上を貯蓄(ちょちく)し、會員は毎月一人四錢づつの積立をすること。

　　二、積立金は貯蓄しておいて、まとまった額になったら、父兄の納税資金にあてること。

もとより此の方法に不贊成を唱へるものは一人もなかった。そこで、一新洞の少年三十餘名は春植を會長にいたゞいて、兒童納税新興會をつくった。その時、會長の春植は十六歳で、會員の中には七歳八歳の者もあった。

それからは、鍬や鎌を持ったこともない小さな子供が、山に行って薪をとる、わらぢをつくる、まぶしを折る、田畑に出て農事の手助をする、その活動ぶりは實に涙ぐましいほどであった。

初

かくて、會を設けてから二年の間、最初申し合はせた積立をおこたる者は一人もなく、貯蓄は次第にふえて、三年目に三十圓あまりになった。

その年の四月、戸税の納期がせまった時のことである。父兄は相變らず金の工面に困って、洞内には重苦しい空氣がみなぎった。この有樣を見て、春植は一同にはかり、積立金の中から、一人に二十錢づつの拂ひもどしをして、税金のおぎなひにした。おかげで、洞は期限内にりっぱに完納することが出來た。面事務所の人達は、この洞はじまって以來の成績におどろいた。

拂

面の人達にもましておどろいたのは父兄であった。彼等は、これまで自分等が國民の大切な納税義務をおこたりがちであったのを、深く恥ぢた。さうして、これから後は子供達の力をかりることなく、全洞こぞって完納しようと申し合はせた。

ねむってゐた獅子(しし)が立上ったやうに、洞の人人は一せいに振るひたった。それからは、朝はやくから夜おそくまで、雨の日も風の日も、田畑に出て働いた。かくて勤勞好愛の美風が全洞にみなぎった。

愛

かせぐに追ひつく貧乏なく、洞は次第にゆたかになった。洞民はさきの申合せをかたく實行したので、一新洞はたうとう納税模範(もはん)部落となった。一念よく一洞を化して納税模範部落とした春植のかくれた善行は、つひに報いられる時が來た。翌年の紀元節のよき日に、朝鮮財務協會長は時計一個を與へて、春植の善行を賞(しょう)した。

善
報
時計

［第二十六］朝鮮ノ農業

沓	朝鮮及ビ滿洲ヲ旅行スル者ハ、何人モ朝鮮ニ沓ノヨクヒラケヲルヲ見ルベシ。九月十月ノ頃、南、釜山ヨリ、アルヒハ北、新義州ヨリ京城ニ向フ汽車ハ、終日窓外ニヒロガル黄金ノ波ノ中ヲ走ル。サラニ足ヲ一歩湖南(コナン)ノ地ニフミ入ルヽ者ハ、見渡スカギリノ平野ニ、「米ノ朝鮮」ノスガタヲアリアリト見ルコトヲ得ベシ。
窓 黄金	朝鮮ノ西部及ビ南部ヲ流ルヽ大河ノ流域(イキ)ニハ平野多ク、氣候モマタ農業ニ適スルヲモッテ、農業ハ早クヨリ行ハレタリ。シカルニ、其ノ農法ハキハメテ幼稚(チ)ナリシカバ、「朝鮮ノ農業」ハ久シク振ルハザリキ。
總督 經 富 增 結 加	總督府ハ施政(シセイ)ノハジメヨリ、多額ノ經費ヲ支出シテ、モッパラ農業ノ改良發達ニカヲ用ヒ、人民ノ富ヲ增進スレコトニツトメタリ。ソノ結果、作物ノ品種ハ改良セラレ、水利ノ便ヨクヒラケ、耕地ノ面積モマタ大イニ增加セリ。
豆	農産物ノ主ナルモノハ米・大豆・麥・粟等ニシテ、中ニモ米ハ品質次第ニ改良セラレテ、今ヤ內地米ニオトラザルニ至レリ。

養蠶ト畜産モ、朝鮮ノ氣候・風土ニ適スルヲモッテ次第ニ發達セリ。朝鮮牛ノ多ク内地ニ移出セラルヽハ人ノヨク知ル所ナリ。コトニ緬羊ノ飼(シ)育及ビ棉作ハ、當局ノ保護奬勵ニヨリテ近年大イニ發達シ、ヤガテ米作トトモニ朝鮮農業ノ主要ナル地位ヲシムルニ至ラントス。

施政ワヅカ二十餘年間ニ、田畓アハセテ約(ヤク)百萬へくたーるノ面積ヲ増シ、農産品ノ生産額ハ産業總生産額ノ八割(ワリ)ヲシムルニ至レリ。誰カソノ進歩ノ目ザマシキニオドロカザラン。シカレドモ、朝鮮ニオケル耕地十あーるノ生産高ハ内地ノ二分ノ一ニモ達セザルナリ。コレハ、朝鮮ノ農業ニナホ改良ノ餘地アリ、シタガッテ、其ノ前途スコブル有望ナルコトヲ物語ルモノナリ。

ワレ等ハ眞ニ農業ノ尊サヲ自覺シ、自力更生モッテ朝鮮農業ノ進歩發達ヲハカル覺悟ナカルベカラズ。

　　　　　　　　　　　　ヲハリ

昭和八年十一月十二日翻刻印刷
昭和八年十一月十五日翻刻發行

普 國 八
る

定價金十五錢

著作權所有

發行所

著作兼
發行者

京城府元町三丁目一番地

朝鮮總督府

翻刻發行
兼
印刷者

京城府元町三丁目一番地

朝鮮書籍印刷株式會社

代表者

井上主計

京城府元町三丁目一番地

朝鮮書籍印刷株式會社

▶ 찾아보기

漢字

편자소개(원문서)

김순전 金順槇

소속 : 전남대 일문과 교수, 한일비교문학 · 일본근현대문학 전공

대표업적 : ①저서 : 『韓日 近代小說의 比較文學的 硏究』, 태학사, 1998년 10월

②저서 : 『일본의 사회와 문화』, 제이앤씨, 2006년 9월

③저서 : 『조선인 일본어소설 연구』, 제이앤씨, 2010년 6월

박제홍 朴濟洪

소속 : 전남대 일문과 강사, 일본근현대문학 전공

대표업적 : ①논문 : 「메이지천황과 學校儀式敎育-국정수신교과서를 중심으로」, 『일본어문학』 28집, 한국일본어문학회, 2006년 3월

②논문 : 『보통학교수신서』에 나타난 忠의 변용, 『일본문화학보』 34집, 한국일본문화학회, 2007년 8월

③저서 : 『제국의 식민지수신』-조선총독부 편찬 <修身書>연구- 제이앤씨, 2008년 3월

장미경 張味京

소속 : 전남대 일문과 강사, 일본근현대문학 전공

대표업적 : ①논문 : 「일제강점기 '일본어교과서' Ⅰ기 · Ⅳ기에 나타난 동화의 변용」, 『日本語文学』 52집, 한국일본어문학회, 2012년 3월

②편서 : 學部編纂 『日語讀本』 上 · 下, 제이앤씨, 2010년 7월

③저서 : 『수신하는 제국』, 제이앤씨, 2004년 11월

박경수 朴京洙

소속 : 전남대 일문과 강사, 일본근현대문학 전공

대표업적 : ①논문 : 「『普通學校國語讀本』의 神話에 應用된 <日鮮同祖論> 導入樣相」,
『일본어문학』 제42집, 일본어문학회, 2008년 8월

②논문 : 「임순득, '창씨개명'과 「名付親」-'이름짓기'에 의한 정체성 찾기」
『일본어문학』 제41집, 일본어문학회, 2009년 6월

③저서 : 『정인택, 그 생존의 방정식』, 제이앤씨, 2011년 6월

사희영 史希英

소속 : 전남대 일문과 강사, 일본근현대문학 전공

대표업적 : ①논문 : 「일본문단에서 그려진 로컬칼라 조선」, 韓國日本文化學會, 「日本文
化學報」 제41집, 2009년 5월

②저서 : 『『國民文學』과 한일작가들』, 도서출판 문, 2011년 9월

③저서 : 『제국일본의 이동과 동아시아 식민지문학』1, 도서출판 문, 2011년
11월

朝鮮總督府 編纂 (1930~1935)

『普通學校國語讀本』 第三期 原文 中

(三, 四學年用; 卷五~卷八)

초판인쇄 2014년 2월 20일
초판발행 2014년 2월 28일

편   자 김순전 박제홍 장미경 박경수 사희영 공편
발 행 인 윤석현
발 행 처 제이앤씨
등록번호 제7-220호
책임편집 김선은
마 케 팅 권석동

우편주소 132-702 서울시 도봉구 창동 624-1 북한산현대홈시티 102-1106
대표전화 (02) 992-3253(대)
전   송 (02) 991-1285
홈페이지 www.jncbms.co.kr
전자우편 jncbook@hanmail.net

ⓒ 김순전 외, 2014. Printed in KOREA.

ISBN 978-89-5668-564-9 94190   **정가** 24,000원
     978-89-5668-613-4 (전3권)